LE
DÉPARTEMENT D'ILLE-ET-VILAINE

Par TREVET
Inspecteur primaire.

AVANT-PROPOS

Nous habitons l'un des pays les plus pittoresques de notre France. Les beautés naturelles des diverses régions semblent s'y être donné rendez-vous. Ici, c'est « la Suisse bretonne avec ses sites enchanteurs ; » là, c'est « la Hollande, » avec ses polders, ses gras pâturages, son heureuse fécondité. Plus loin, ce sont les bords de la mer avec ses merveilleux horizons, et partout, des collines couvertes de verdure, de riantes vallées, des cours d'eau sinueux et limpides, de vastes étangs et de délicieuses forêts.

Que nous aimions notre petit coin de terre si agreste, si frais, d'un aspect si agréable et si varié, quoi de plus naturel ? Nous nous y attacherons encore davantage, lorsque nous le connaîtrons mieux, lorsque nous aurons étudié son histoire et que nous aurons vécu dans le commerce de ses grands hommes.

NOTIONS GÉOGRAPHIQUES

Le département d'Ille-et-Vilaine a été formé en 1790 de la partie Nord-Est de la Bretagne. Il doit son nom à deux cours d'eau, l'Ille et la Vilaine, qui se réunissent au sortir de la ville de Rennes.

Il est borné, au nord, par la mer de la Manche et le département du même nom ; à l'est, par la Mayenne ; au sud, par une petite partie de Maine-et-Loire et la Loire-Inférieure; à l'ouest, par le Morbihan et les Côtes-du-Nord. Sa forme est irrégulière. Sa plus grande longueur est de 120 kilom.; sa plus grande largeur de 95 kilom. environ.

La superficie de l'Ille-et-Vilaine est de 6,730 kilom. carrés. D'après le recensement de 1886, on y compte 621,384 habitants. La moyenne par kilom. carré est de 92 habitants, et cette moyenne est plus considérable que dans beaucoup d'autres départements.

Le département d'Ille-et-Vilaine est légèrement accidenté. On n'y rencontre pas de hautes montagnes, mais des collines dont les plus élevées sont celles de Haute-Forêt, 255 mètres, dans la forêt de Paimpont; de la Chapelle-Janson, 248 mètres, dans l'arrondissement de Fougères. Au sud de cette dernière se détache une colline qui court de l'est à l'ouest et détermine deux versants, celui de l'Océan, qui représente à peu près les trois quarts du département, celui de la Manche, qui en est le quart.

Dans le versant sud, les eaux s'écoulent dans la Vilaine, qui est le plus grand fleuve côtier de France, après l'Adour. Son parcours dépasse 200 kilom., dont 140 navigables. Il est formé de deux branches qui viennent, l'une et l'autre, des confins de la Mayenne et se réunissent un peu en aval de Vitré.

Il coule d'abord de l'est à l'ouest jusqu'à Rennes. Au-dessous de cette ville, il décrit une courbe très accentuée et se dirige vers le sud. Enfin, à partir de son confluent avec la Chère, son cours prend la direction du sud-ouest et il se jette dans l'Océan, par un estuaire de deux kilomètres.

La Vilaine arrose Vitré, Châteaubourg, Rennes, Bruz, Bourg-des-Comptes, Messac, Redon. Elle reçoit dans son cours supérieur la Cantache ou Calanche, le Chevré, l'Ille; dans son cours moyen, la Flume, le Meu, la Seiche, le Semnon, la Chère; dans son cours inférieur, le Don, l'Isac, l'Oust, grossi de l'Aff.

Dans le versant septentrional, le principal cours d'eau est le Couësnon qui vient également des limites de la Mayenne et décrit, en entrant dans le département, un arc de cercle qui renferme presque tout l'arrondissement de Fougères. Dans son cours inférieur, il sépare la Manche de l'Ille-et-Vilaine et va se jeter dans la baie du mont Saint-Michel, à l'ouest du mont, après avoir parcouru 80 kilom. S'il faut en croire un dicton (1) du pays, son embouchure se trouvait autrefois à l'est du mont qui aurait alors appartenu à la Bretagne.

Le Couësnon passe au sud de Fougères, coule entre Vendel et la chapelle Saint-Aubert, arrose Saint-Jean-sur-Couësnon, Saint-Marc-sur-Couësnon, Vieux-Vy, Romazy, Rimou, Antrain, où il commence à être navigable, Pontorson, Roz-sur-Couësnon, où il est déjà bras de mer. Il reçoit le Nançon, qui forme une délicieuse vallée sous les murs de Fougères, la Minette et la Loysance, dont on a capté une partie des eaux pour le service de la ville de Rennes.

Le département ne possède que l'embouchure de la Rance. Le canal d'Ille-et-Rance fait communiquer la Manche avec l'Océan.

Tous ces cours d'eau coulent paisiblement dans de fertiles vallées qu'ils fécondent. La déclivité du sol est parfois si légère qu'elle occasionne de nombreux étangs. Les plus considérables sont l'étang du Boulet, qui donne naissance à l'Ille et qui a près de trois lieues de tour; l'étang de Châtillon en Vendelais; l'étang de Paintourteau, dans l'arrondissement de Vitré.

Le marais de Dol était autrefois recouvert par la mer. Ce terrain faisait partie de la forêt de Scissy, qui s'étendait depuis Coutances jusqu'au cap Fréhel, en recouvrant le mont Saint-Michel. La grande marée de 709, renouvelée les siècles suivants, envahit cette forêt. Plusieurs villages furent engloutis et ce n'est que peu à peu que les laborieux habitants de cette région ont conquis sur la mer un terrain qui ressemble aux polders de la Flandre et de la Hollande. Une digue solide prévient tout cataclysme.

Par suite du voisinage de la mer, le climat du département est tempéré. Pas de grands froids ni de fortes chaleurs, mais des pluies fréquentes amenées par les vents d'ouest.

Le département d'Ille-et-Vilaine comprend les six

---

(1) Le Couësnon, par sa folie,
Mit saint Michel en Normandie.

arrondissements de Rennes, Fougères, Montfort, Redon, Saint-Malo, Vitré.

L'Académie de Rennes se compose des cinq départements bretons, de la Mayenne et du Maine-et-Loire. De nombreux étudiants se pressent aux cours d'enseignement supérieur, près des facultés de Rennes. L'enseignement secondaire se donne dans les lycées et les collèges du ressort. Enfin, il existe des écoles maternelles et des écoles primaires supérieures dans les grands centres et des écoles primaires élémentaires dans toutes les communes.

La langue celtique s'est réfugiée depuis longtemps dans la Basse-Bretagne. Le français est parlé dans tout le département; pourquoi faut-il qu'il soit si défiguré et que la prononciation en soit si grossière ?

L'Ille-et-Vilaine fait partie du 10° corps d'armée qui comprend encore les départements des Côtes-du-Nord et de la Manche. Le quartier général du 10° corps est à Rennes.

La cour d'appel de Rennes, comme autrefois le parement, possède dans son ressort les cinq départements de l'ancienne province.

L'agriculture, grâce à l'enseignement de l'école d'agriculture des Trois-Croix, aux leçons de nos établissements primaires de tout ordre, aux comices, aux conférences agricoles, aux champs d'expérience, s'améliore tous les jours; les cultivateurs se montrent de plus en plus accessibles aux idées de progrès. L'élevage du bétail, le froment, le blé noir, le cidre, les fruits de toute nature forment la principale richesse du pays. Il faut y joindre d'excellent beurre, du fromage, des œufs, des volailles, etc.

L'industrie y est représentée par de nombreuses minoteries, des tanneries, des fabriques de chaussures. La forêt de Paimpont renferme des hauts fourneaux, et les mines argentifères de Pompéan, de Vieux-Vy, prennent de l'extension. Les carrières de granit des arrondissements de Saint-Malo et de Fougères sont régulièrement exploitées.

VILLES IMPORTANTES

Rennes, 66,109 hab., 21e ville de France. — Rennes, avant la conquête romaine, était la cité des Redons. Sous les Romains, elle devint une place importante à laquelle aboutissaient plusieurs voies. Elle s'appelait alors Condate (confluent.) Les ducs bretons en firent la capitale de leur duché. A leur avènement, ils y faisaient leur entrée solennelle par la porte Mordelaise. C'était là qu'était le siège de leur cour de justice ; c'est là qu'en 1560 devait se fixer le Parlement.

La ville s'agrandit considérablement lorsqu'un grand nombre de Normands, chassés par les Anglais, après Azincourt (1415), s'y réfugièrent. L'industrie s'y développa et Rennes eut ses manufactures de draps et de toiles. Mais c'était encore une ville aux rues étroites, aux cours fétides, aux maisons basses et malpropres. En 1720, un incendie qui dura sept jours dévora le centre de la ville. Ce fut un mal et un bien : de nouvelles maisons monumentales, bien éclairées, bien alignées, sortirent de ces ruines : des rues larges, de vastes places assainirent la ville. C'était le Rennes moderne qui s'embellit encore tous les jours.

Les monuments les plus remarquables sont le Palais de Justice, avec sa magnifique salle des Pas-Perdus, l'Hôtel de Ville, le Théâtre, la Cathédrale, le Lycée, le Palais de l'Université, qui renferme un riche musée.

Rennes possède une des plus belles promenades qui existent : c'est le Thabor, où sont installés le jardin botanique et de vastes serres.

Fougères (15.500 hab.) est une ville industrielle, qui possède de nombreuses manufactures de chaussures. Son château féodal, ses vieilles églises, ses maisons à piliers, sa situation en partie dans une vallée, en partie sur une colline, la rendent très pittoresque. On ne peut se lasser de contempler, de la Place-aux-Arbres, la superbe vallée du Nançon, fermée à l'horizon par la tour et le clocher de Saint-Aubin-du-Cormier qui se perdent dans la brume. « Je reviens de Fougères, dit quelque part Victor Hugo, comme La Fontaine revenait de Baruch. Avez-vous vu Fougères ? Figurez-vous une cuiller. La cuiller, c'est le château, le manche, c'est la ville. Sur le château rongé de verdure, mettez sept tours... sur le manche, entassez une complication inextricable de tours, de tourelles, de vieux murs féodaux, chargés de vieilles chaumières, de pignons dentelés, de toits aigus... Posez le tout en pente et de travers sur une des vallées les plus vastes et les plus profondes qu'il y ait... Vous avez Fougères. » On ne pouvait rien dire de plus ingénieux et de plus exact.

Montfort (2,300 hab.), humble petite sous-préfecture, était autrefois le siège d'une seigneurie importante. Elle renferme de riches souvenirs historiques et elle possède de belles promenades.

Redon (6,400 hab.), doit son origine à l'abbaye de Saint-Sauveur, fondée par Noménoé en 833, et dont le premier abbé fut saint Covoïon. La chapelle de l'ancienne abbaye est devenue l'église paroissiale. Sa tour, qui a 67 mètres de haut, se trouve isolée de la nef, à la suite d'un incendie, en 1782. Les bâtiments de l'ancienne abbaye sont aujourd'hui occupés par un collège privé. La marée se fait sentir au-delà de Redon qui, par cela même et aussi grâce au canal de Nantes à Brest, est un port marchand de quelque importance.

Saint-Malo (10,500 hab.) a une histoire des plus glorieuses. Les habitants d'Aleth (Saint-Servan), attaqués par les barbares, se réfugièrent sur un rocher où se trouvait le monastère de saint Malo. La population s'accrut rapidement et l'évêque y transporta son évêché, en 1109. L'esprit aventureux des Malouins devait bientôt se donner carrière : déjà, au temps des Croisades, ils forment « les troupes légères de la mer. » Au seizième siècle, ils découvrent le banc de Terre-Neuve ; Jacques Cartier, le Christophe Colomb breton, explore le Saint-Laurent et colonise le Canada. Bientôt après, d'intrépides explorateurs doublent le cap Horn et donnent leur nom aux îles Malouines. Mais la période la plus glorieuse de leur histoire est le règne de Louis XIV. Leurs corsaires sont la terreur des Anglais et des Hollandais à qui ils enlèvent plus de 1,500 navires. Leur ville est bombardée deux fois, mais inutilement. Leur intrépidité se manifeste encore pendant la guerre de Sept ans, les guerres de la République et de l'Empire.

Bien que l'aspect de la ville soit un peu sombre, son château, avec la tour *qui qu'en grogne*, sa cathédrale, ses fortifications, les splendides horizons dont on jouit du haut de ses remparts, y amènent un grand nombre de voyageurs et de touristes.

Saint-Servan (12,100 hab.) est la sœur jumelle de

Saint-Malo dont elle n'a été pendant longtemps qu'un faubourg. Elle possède un commerce actif. L'entrée de la Rance est défendue par la tour Solidor, qui date de la fin du quatorzième siècle.

Vitré (10,400 hab.) doit son existence à un château-fort. Au temps de la Ligue, c'était le boulevard du calvinisme et Mercœur l'assiégea vainement. Son château féodal, ses monuments religieux, dont le plus remarquable est l'église Notre-Dame, ses rues bordées de maisons à piliers qui se rejoignent par le faite, lui donnent un aspect moyen âge.

A quelques kilomètres de Vitré sont *les Rochers*, séjour de madame de Sévigné.

HISTOIRE.

LA BRETAGNE A L'ORIGINE ET SOUS LES DEUX PREMIÈRES RACES

L'histoire du département se confond, jusqu'en 1790, avec celle de la Bretagne, et l'histoire de la Bretagne, qu'on appelait Armorique, ne diffère pas de l'histoire de la Gaule. Ce que nous connaissons du caractère, des mœurs, des coutumes des anciens Gaulois peut s'appliquer aux habitants de l'Armorique. Leur langue, leur religion, leurs prêtres, leurs dieux sont les mêmes.

Nous savons combien la conquête de la Gaule coûta d'efforts à Jules César. La confédération armoricaine avait d'abord feint de se soumettre ; mais bientôt les Vénètes donnent le signal de l'insurrection : l'Armorique tout entière se soulève. Tour à tour pionnier, ingénieur, marin et soldat, César dut poursuivre jusque dans leurs marais bourbeux et leurs forêts impénétrables « ces peuples amphibies. »

Les villes armoricaines les plus rapprochées du pouvoir central adoptèrent la langue, la religion, les mœurs, la civilisation latines ; les habitants des côtes et de l'intérieur y restèrent étrangers. Dès ce moment commence à se dessiner cette différence que l'on remarque entre la haute et la basse Bretagne.

L'Armorique se souleva plusieurs fois inutilement. L'empire croulant de toutes parts, le gouverneur de la Grande-Bretagne, Maxime, se révolte contre les

Romains (383). Il descend en Armorique avec Conan Mériadek et bat les légions près d'Aleth. L'Armorique prend dès lors le nom de Bretagne, du nom de ses envahisseurs, et elle devient indépendante sous Conan.

Lorsque Attila parut en Gaule, les Bretons se portèrent au secours des Romains et des Franks et ils contribuèrent à la défaite du barbare aux champs Catalauniques.

Clovis essaya de soumettre ces populations belliqueuses, sans pouvoir y parvenir. Mais leurs divisions permirent à Clotaire de pénétrer sur leur territoire pour y châtier son fils Chramm. Il l'atteignit entre Dol et Aleth et le fit brûler avec sa famille.

Il n'y eut rien de saillant en Bretagne jusqu'au règne de Dagobert. A ce moment, un prince pieux et éclairé gouvernait le duché. Un conflit s'éleva entre les deux princes. La bonne harmonie fut rétablie par le « grand saint Éloi », et *Judicaël* consentit à faire hommage à Dagobert dans son palais de Clichy.

La Bretagne ne put résister à l'épée de Charlemagne; elle forma une province de son immense empire. Mais, après sa mort, *Noménoé*, breton de naissance obscure, qui avait d'abord gouverné le duché au nom de Louis le Débonnaire, profita des désordres et des guerres civiles de cette époque pour rendre à la Bretagne son indépendance. Il prit Nantes aux Normands, Rennes à Charles le Chauve, et il remporta sur ce dernier la grande victoire de Ballon, commune de Bains. Son pays délivré, il devient agresseur à son tour. Il s'élance sur le Maine, l'Anjou, marche sur Chartres. La mort l'arrête en 851. Dans ses luttes, il fut puissamment aidé par le clergé breton, notamment par l'abbé de Redon, saint Covoïon. C'est Noménoé qui, malgré les réclamations de la cour de Rome, donna une sorte de « constitution civile » à son clergé. Les évêques ne relevèrent plus que de l'archevêque de Dol (848-1201).

Sous ses successeurs, Trispoé, Salomon, les Normands font de nombreuses incursions en Bretagne. Gurwan, comte de Rennes, se couvrit de gloire dans sa lutte contre Hastings (1), « le roi des mers ». Les Croi-

---

(1) Après les traités de Saint-Clair-sur-Epte, les rivalités des ducs normands et bretons furent sanglantes.

sades vinrent faire une heureuse diversion en donnant un autre cours à leur humeur batailleuse.

LA BRETAGNE SOUS LES CAPÉTIENS

A son départ pour la Terre-Sainte, Robert le Diable confia la tutelle de son fils Guillaume au duc de Bretagne, Alain V. Robert mort, Guillaume témoigna sa reconnaissance à son tuteur en empoisonnant son fils. Cet attentat n'empêcha pas les Bretons de partir en foule avec le duc de Normandie à la conquête de l'Angleterre. Les seigneurs de Dinan, de Vitré, de Fougères, etc, prirent part à la bataille d'Hastings et s'y comportèrent bravement. Du reste, dans les siècles qui suivent, nous retrouvons les Bretons partout où il y a des coups à donner et à recevoir.

Cependant les Plantagenets, maîtres du trône d'Angleterre, du Maine, de la Touraine, de l'Anjou, regardaient d'un œil de convoitise cette province qui eût si heureusement relié et complété leurs possessions. Ils parvinrent à s'y créer des droits à l'aide de plusieurs mariages. *Conan III* épousa une fille d'Henri Ier. Leur fils, *Conan IV*, fiança sa fille à Geoffroi, troisième fils d'Henri II. Cette conduite indigna les seigneurs bretons qui fomentèrent une révolte à la tête de laquelle ils placèrent *Raoul II*, baron de Fougères. Les Anglais prirent Fougères, qu'ils mirent à feu et à sang. Mais Raoul revient en force ; il leur enlève Saint-James, et les défait complètement à *la Bataillère*, à quelques kilomètres de Fougères. Il rentre alors dans sa ville dont il relève les remparts, pendant que les Anglais continuent leurs déprédations, prennent et saccagent Vannes, Aurai, Hédé, Tinténiac et désolent toute la région jusqu'à Saint-Malo.

La famille royale d'Angleterre ne brillait pas par la concorde et la bonne harmonie. Geoffroi, suivant l'exemple de ses frères, fit la guerre au vieil Henri II. Philippe-Auguste était trop intéressé à ces divisions pour ne pas les encourager. Il envoya des secours à Geoffroi qui, d'ailleurs, ne tarda pas à mourir.

L'Assise du comte Geoffroi, en vertu de laquelle le droit d'aînesse était rétabli pour les héritages nobles, est restée célèbre.

La veuve de Geoffroi mit au monde un fils posthume, Arthur. C'est lui qui devait hériter de Richard Cœur-de-Lion. Mais Jean-sans-Terre, son oncle, se saisit de sa personne, le retient prisonnier au château de Falaise, puis au château de Rouen où il l'assassine, et jette son cadavre dans la Seine. Cité devant la cour des Pairs, il n'a garde de comparaître et Philippe-Auguste se fait l'exécuteur intéressé des confiscations prononcées contre l'assassin. A son tour, il veut avoir un pied en Bretagne et il marie Alix, sœur du jeune Arthur, à un seigneur de la famille royale, Pierre de Dreux, surnommé Mauclerc par le clergé, qui le détestait (1212). Ce dernier fut avec Thibaut, comte de Champagne, un des ennemis de Blanche de Castille. Plus tard, il accompagne saint Louis à la croisade d'Egypte, est blessé et fait prisonnier à la Massoure. Il recouvre sa liberté, moyennant rançon, et meurt pendant son retour. Mauclerc a fondé la citadelle de Saint-Aubin-du-Cormier dont les ruines sont encore si imposantes.

L'un de ses successeurs, Arthur II, s'était marié deux fois. Sa première femme, fille du comte de Limoges, lui avait donné Jean III et Guy, comte de Penthièvre et de Limoges. La seconde, comtesse de Montfort l'Amaury, lui donna Jean de Montfort.

Jean III, le Bon, était un prince ami des lettres et d'un caractère essentiellement pacifique. Il administra sagement le duché et fit un recueil des ordonnances bretonnes, sous le nom d'*Ancienne coutume*. Sa mort fut le point de départ d'une ère de calamités sans nombre.

GUERRE DE SUCCESSION

Jean III avait résolu d'assurer sa succession à sa nièce, Jeanne de Penthièvre, et il l'avait mariée au neveu de Philippe VI, Charles de Blois. Mais les intérêts de Charles se heurtèrent à ceux de Jean de Montfort qui se hâta de se faire reconnaître à Nantes. Puis il enlève plusieurs villes et sollicite l'appui d'Edouard III.

Philippe VI soumet la question en litige à la cour des Pairs qui adjuge le duché à Jeanne. Fort de cette décision, Charles va, avec une armée française, assiéger la ville de Nantes, s'en empare et fait Montfort prisonnier.

La comtesse de Montfort était à Rennes quand elle

apprit cette fâcheuse nouvelle. « Dolente et courroucée, elle montra qu'elle avait courage d'homme et cœur de lion. » Accompagnée de son fils enfant, elle réconforte les siens et court se renfermer dans Hennebon, d'où elle pouvait recevoir des secours des Anglais.

Charles, après avoir pris Rennes, vient assiéger Hennebon. La comtesse s'y défend héroïquement jusqu'à l'arrivée des Anglais qui font lever le siège. Les Français s'en consolent en prenant Auray, Vannes, Guérande ; puis ils reviennent sous les murs d'Hennebon, mais sans plus de succès. Edouard III lui-même vole au secours de Jeanne de Montfort et les deux armées étaient sur le point d'en venir aux mains sous les murs de Vannes, lorsque deux légats du pape Clément VI proposent leur médiation. Une trêve de trois ans fut signée à Malestroit (1343). Cette trêve fut bientôt rompue.

Plusieurs seigneurs, au nombre desquels étaient Olivier de Clisson, les sires de Laval et de Malestroit, gagnés par Edouard, traitèrent secrètement avec lui. Philippe l'ayant appris les fit décapiter. Les hostilités recommencèrent. Montfort s'étant échappé du Louvre, où il était retenu prisonnier, vint assiéger Quimper où Charles de Blois avait laissé massacrer 1,500 personnes. Repoussé, il s'en alla mourir à Hennebon. Charles lui-même, fait prisonnier à la bataille de la Roche-Derrien, fut emmené en captivité en Angleterre où il resta quelque temps. C'était la fin de la guerre, si Jeanne de Penthièvre n'eût été la digne rivale de la veuve de Montfort.

Dans les années qui suivent, ce ne sont que combats singuliers, provocations, embuscades, pillages, massacres. A l'avènement de Jean le Bon, un beau fait d'armes, le combat des Trente, illustra le parti de Charles. Beaumanoir, gouverneur de Josselin, envoya un défi à Bembroug, commandant la place de Ploërmel. Trente chevaliers bretons devaient combattre trente chevaliers anglais. Rendez-vous fut donné au chêne de la Mi-Voie, dans les landes de la Croix-Hellian, entre Ploërmel et Josselin. Pendant la lutte, Beaumanoir, affaibli par la perte de son sang, demande à boire : « Bois ton sang, Beaumanoir, » lui crie l'un des plus braves, le chevalier de Tinténiac. Après bien des péripéties, les Bretons furent vainqueurs. Bembroug avait trouvé la mort dans le combat. De cette époque datent les premiers exploits de Duguesclin.

Cependant tout le monde sentait l'imminence d'une lutte décisive et on s'y prépara de part et d'autre avec ardeur. Elle eut lieu en 1364, sous les murs d'Aurai. La victoire fut longtemps disputée; mais le parti de Montfort finit par l'emporter. Charles de Blois fut trouvé parmi les morts ; Duguesclin et Beaumanoir étaient au nombre des prisonniers.

Les soldats de Montfort occupèrent du même coup Auray, Malestroit, Redon, Dinan. Ces progrès rapides amenèrent la conclusion de la paix qui fut signée à Guérande (1365). Jean IV, proclamé duc de Bretagne, s'engageait à faire hommage à Charles V. Jeanne recevait les comtés de Penthièvre et de Limoges, avec la perspective de voir un de ses fils maître du duché, dans le cas où Montfort mourrait sans enfant mâle.

LES DERNIERS DUCS

Jean IV, Anglais d'inclination, eut des démêlés fréquents avec ses barons. Charles V voulut vainement en profiter pour s'emparer du duché. Duguesclin, bon Français, se souvenait cependant de son origine, et il ne pouvait l'aider. Il avait obtenu d'aller combattre en Guyenne contre les Anglais pour n'avoir pas à lutter contre ses compatriotes.

A la suite de l'attentat de Pierre de Craon contre le connétable Olivier de Clisson, une armée française fut sur le point d'occuper la Bretagne où le meurtrier s'était réfugié. La folie du roi sauva la péninsule.

La bataille d'Azincourt (1415), si funeste à la France et à la chevalerie française, ouvre une ère de prospérité à la Bretagne. Des drapiers normands, chassés par les Anglais, s'établissent à Rennes, à Vitré, à Fougères, à Dol, et y peuplent des quartiers entiers.

Le dernier duc, François II, était un prince faible. Il fut la proie des intrigants, en particulier de Landais, qui, simple tailleur à Vitré, s'éleva au premier rang à sa cour. François II entre dans la ligue du Bien public, organisée contre Louis XI qui, trop faible pour venir à bout de tous ses ennemis, traite avec eux et les divise.

À l'abri de toute révolte nouvelle, le roi de France achète à Jean de Bresse et à Nicolle de Blois, héritiers de la maison de Penthièvre, leurs droits à la couronne ducale (1479). Ce contrat fut renouvelé par Charles VIII.

Sous la minorité du nouveau roi de France, Louis d'Orléans et plusieurs seigneurs français, en lutte contre madame de Beaujeu, s'étaient réfugiés à la cour du duc où ils se livraient à toutes sortes d'intrigues. Les armées royales, sous la conduite de La Trémoille, entrent en Bretagne, prennent plusieurs places fortes, Vitré, Dol, Ancenis, Châteaubriant, et se dirigent sur Fougères, « la plus belle et forte place de Bretagne après Nantes. » Le duc d'Orléans, le sire d'Albret, le maréchal de Rieux, le prince d'Orange, à la tête de l'armée anglo-bretonne, se portent au secours de Fougères. Il était trop tard, la ville s'était rendue. Son excellente position, ses murailles, sa forte garnison n'avaient pu la sauver. Les deux armées se rencontrèrent aux environs de Saint-Aubin-du-Cormier. L'armée bretonne fut entièrement défaite. Un récit peu vraisemblable, et en contradiction avec le caractère généreux de la Trémoille, rapporte que, le soir de la bataille, le général français fit souper avec lui les seigneurs rebelles. À l'issue du repas, deux franciscains entrèrent dans la salle pour les préparer à la mort. La Trémoille les aurait fait décapiter aussitôt après, à l'exception du duc d'Orléans et du prince d'Orange.

Quoi qu'il en soit, François II se hâta de demander la paix. Elle fut signée à Sablé (1488). La principale clause portait que la fille du duc ne pourrait se marier sans l'assentiment du roi.

Le duc de Bretagne mourut quelques mois après, laissant à une enfant de douze ans un duché qu'une épée de chevalier aurait eu peine à défendre.

Plusieurs concurrents se disputaient la main de la jeune héritière. La duchesse se décida pour un prince puissant, Maximilien d'Autriche, roi des Romains. Maximilien était retenu au loin par des révoltes de ses sujets, ce fut le comte de Nassau qui l'épousa secrètement au nom de son maître et au mépris du traité de Sablé.

Cependant Maximilien n'arrivait point. Anne, femme

sans mari, se trouvait sans défense à Rennes au milieu d'une armée indisciplinée dont elle semblait plutôt la prisonnière que la souveraine. Charles VIII, qui assiégeait la ville de Rennes, profita de cette situation ; il fit des propositions de mariage à la duchesse qui les agréa. Quinze jours après, les troupes françaises avaient quitté la Bretagne ; Anne s'en allait rejoindre Charles VIII au château de Langeais, en Touraine, où le mariage fut célébré (1491). Dans les clauses du contrat, le roi et la duchesse confondaient leurs droits sur le duché qui devait rester au dernier vivant. Mais il fut stipulé qu'en cas de décès de Charles VIII la nouvelle reine ne pourrait convoler qu'avec son successeur.

LA BRETAGNE, PROVINCE FRANÇAISE.

C'est ainsi que s'accomplit cette réunion que ni les armes ni la politique de cinquante rois n'avaient pu obtenir. L'antique royaume de Noménoé, dont tous les ennemis comptaient faire leur place d'armes et leur poste avancé, n'était plus qu'une province française, placée en vedette contre l'Angleterre.

Du reste, la Bretagne ne tenait encore à la France que par un faible lien. Après la mort de Charles VIII, Anne revint gouverner son duché. En épousant Louis XII, elle stipula dans le contrat de mariage que le duché reviendrait à son second enfant et, dans le cas où elle n'en aurait qu'un seul, à l'un de ses petits-enfants. En cette occasion, comme par la suite, elle fut plus bretonne que française. Louis XII, qui subissait l'ascendant de « sa petite Brette, » faillit détacher la Bretagne de la couronne de France en se proposant de marier sa fille Claude, avec la Bretagne en dot, au jeune Charles d'Autriche, depuis Charles-Quint. Heureusement il ouvrit les yeux à temps et accorda Claude à son futur successeur, François d'Angoulême. Anne mourut à trente-sept ans.

La poésie et les arts fleurirent en Bretagne sous son règne populaire. Le plus beau chef-d'œuvre de cette époque est le tombeau de son père François II, qui se trouve dans la cathédrale de Nantes, et qui est dû au ciseau de Michel Colomb, artiste breton.

La Bretagne participa aux agitations de la Ligue. Les

moines de Redon, l'évêque de Rennes ouvrirent leurs portes aux ligueurs. Philippe-Emmanuel, duc de Mercœur et de Penthièvre, se fit l'organisateur intéressé de tous ces troubles. Les Malouins en profitèrent pour organiser une république indépendante.

Henri IV dut donc conquérir la Bretagne comme la plus grande partie de son royaume. Il accorda aux habitants de Rennes des garanties religieuses. Il gagna ainsi leur confiance et ils lui demeurèrent dès lors fidèles.

Malheureusement l'étranger vint envenimer la lutte. Philippe II envoie 5000 hommes aux ligueurs. Henri reçoit des secours de sa coreligionnaire, Elisabeth d'Angleterre. Les troupes royales avaient enlevé Hennebon, Moncontour, Quimperlé, Carhaix; mais elles furent repoussées au siège de Lamballe, où périt le brave La Noue, dit Bras de fer. La conversion du roi aurait mis fin aux hostilités sans l'obstination de Mercœur qui pourtant n'essuya plus que des défaites. Une flotte que Philippe II envoyait aux révoltés fut dispersée par la tempête. De toutes parts les cœurs se portent vers Henri, les Malouins lui offrent des armes, Dinan et plusieurs autres villes chassent les ligueurs. La Bretagne tout entière se hâte de rentrer dans le « giron monarchique. » Le traité d'Angers vient définitivement mettre fin à la lutte (1598). Bientôt Henri IV fait son entrée solennelle à Nantes, où il publie un édit qui marque une ère d'apaisement et de liberté religieuse; puis il visite sa fidèle ville de Rennes. En recevant les clefs de la ville que lui présentait le maréchal de Brissac : « Voilà de belles clefs, dit-il; mais j'aime encore mieux les clefs du cœur des habitants. »

Pendant le règne de Louis XIV, les impôts sur le timbre et le monopole du tabac amenèrent des révoltes qui furent durement réprimées. Le cœur saigne à la lecture de certaines lettres de madame de Sévigné où elle parle de ces femmes, de ces enfants, de ces vieillards chassés de leur domicile en hiver et mourant de froid et de faim sur les routes; de ces « pauvres Bretons qui ne savent de français que meâ culpâ, » et que l'on mène pendre. Et lorsque la main du grand roi pesait si lourdement sur eux, les Bretons luttaient courageusement contre les Anglais; les Malouins, en particulier, anéantissaient leur commerce et capturaient leurs vaisseaux.

Un peu plus tard, pendant la régence du duc d'Orléans, les États se signalent par leur opposition. Des gentilshommes bretons entrent dans la conspiration de Cellamare et payent leur trahison de leur tête.

Au moment de la guerre de Sept ans, les Anglais tentèrent une excursion en Bretagne et ils essayèrent de débarquer dans la baie de Saint-Cast; mais ils furent repoussés. Le duc d'Aiguillon, gouverneur de la province, s'était caché pendant le combat. Pour se venger des railleries que lui valut sa conduite, il veut établir de nouveaux impôts. Les États refusent de les voter et le Parlement fait cause commune avec eux. C'est alors que le gouvernement veut en finir avec cette opposition par un coup d'autorité. Le procureur général, La Chalotais, est jeté en prison à Saint-Malo, où il écrit un mémoire pour sa justification avec un cure-dents trempé dans de la suie. Les Bretons n'en furent pas moins obligés de s'exécuter et de payer l'impôt.

Nous arrivons à la Révolution. Avant d'éclater à Paris, l'orage devait se faire sentir en Bretagne. En janvier 1789, les étudiants de Rennes, au nombre desquels Moreau, le futur vainqueur de Hohenlinden, se portèrent vers la salle des délibérations de la noblesse et en firent le siège. Ce mouvement, d'ailleurs, n'eut pas d'importance. Lorsque les députés bretons arrivèrent à Paris, portant les remontrances de la Bretagne, ils furent acclamés par la population. Leurs cahiers contenaient toutes les réformes qui furent accomplies dans les mois qui suivirent.

Mais, pendant que les habitants des villes applaudissaient aux idées nouvelles, le peuple des campagnes se soulevait et mettait en danger tout le pays et les nouvelles institutions. La répression fut cruelle : Carrier fut le sanglant exécuteur des ordres du Comité de salut public et les noyades et la guillotine accomplirent leur œuvre sinistre. Un modeste tailleur, Leperdit, maire de la ville de Rennes, sauva par sa fermeté la vie à un grand nombre de suspects. « Mais ils sont hors la loi, s'écriait Carrier. — Ils ne sont pas hors de l'humanité, » répondait cet homme courageux. Quant à l'insurrection, il fallut tous les talents et toute l'opiniâtreté du général Hoche pour en venir à bout. A ce moment la Bretagne, au point de vue administratif, n'existait déjà plus.

Que dirons-nous de notre département? Son histoire et sa vie se confondent dès lors avec l'histoire et la vie nationales. C'est lui qui sert de trait d'union entre les départements bas-bretons et la France. Placé à l'avant-garde de la Bretagne, c'est par lui que pénètrent peu à peu dans la partie bretonnante les idées et la civilisation de la mère patrie. Français et patriotes, nous n'oublierons pas cependant que nous devons à nos ancêtres un glorieux patrimoine de qualités héroïques et généreuses et que nous serions des ingrats si nous ne confondions dans un même sentiment filial et notre belle France et la chère province à laquelle nous serons toujours fiers d'appartenir.

GRANDS HOMMES
DU
DÉPARTEMENT D'ILLE-ET-VILAINE

Par PHILIPOT
Inspecteur primaire. Officier d'Académie.

I. — HOMMES DE GUERRE ET MARINS.

DU GUESCLIN, BERTRAND (1320-1380).

Bertrand Du Guesclin, né au château de la Motte-Broons, eut une enfance orageuse, qui ne faisait point deviner ce qu'il serait plus tard. Querelleur et brutal, il battait ses frères et ses sœurs dont il était l'aîné, il rossait les petits paysans du voisinage et les organisait en bandes avec lesquelles il faisait un simulacre de guerre. Il était d'ailleurs très laid de figure ; aussi ses parents ne l'aimaient pas. Ayant été mis un jour au cachot, il s'échappa, courut jusqu'à Rennes où il avait un oncle qui l'accueillit et consentit à se charger de lui pour quelque temps.

Il était retourné dans sa famille quand eurent lieu les fêtes du mariage de Charles de Blois avec l'héritière de Bretagne, Jeanne de Penthièvre. Quoique âgé de dix-sept ans seulement, il se présente, à l'insu de son père, au *tournoi* qui avait été organisé à cette occasion, bat successivement plusieurs tenants, mais, au grand étonnement de tout le monde, baisse respectueusement la lance quand son père se présente pour le combattre. L'étonnement redouble quand on le voit continuer à jeter bas tous ceux qui lui offraient le combat. Quand le jeune vainqueur, dont tout le monde brûlait de savoir le nom, eut enfin relevé sa visière, son père courut l'embrasser. La réconciliation était faite.

La guerre de la succession de Bretagne fournit à Du Guesclin l'occasion de se signaler par des combats plus sérieux. Le duc Jean III étant mort sans enfants, son héritage fut réclamé par son frère, Jean de Montfort, et par sa nièce, Jeanne de Penthièvre, épouse de Charles de Blois. C'est au parti de ce dernier, qui était le parti français, que s'attacha Du Guesclin. Il se fit remarquer dès ses débuts, non seulement par sa grande bravoure, mais encore par son habileté et ses ruses. C'est en tendant un piège aux ennemis qu'il délivre Rennes, assiégée par le duc de Lancastre, général anglais; c'est par ruse qu'il s'empare du château-fort de Fougeray, où il s'introduit avec quelques soldats déguisés en bûcherons. Pendant une trêve, il s'engagea au service de la France, prit pour le compte du Dauphin, sur le roi de Navarre, Melun, Mantes, Meulan, battit et fit prisonnier le principal chef des Anglo-Navarrais, le captal de Buch, à la bataille de Cocherel (1364). Pour faire sortir celui-ci de la forte position qu'il occupait sur une éminence, Bertrand avait simulé un mouvement de retraite précipité. Les ennemis donnèrent dans le piège et descendirent en désordre dans la plaine où ils furent écrasés. Il allait continuer la conquête de la Normandie quand il fut rappelé en Bretagne par Charles de Blois qui était sur le point d'en venir à une action décisive avec son rival. Une grande bataille se livra à Auray. Du Guesclin, dont les avis n'avaient pas été suivis, fut fait prisonnier et Charles de Blois tué.

Rendu à la liberté, Du Guesclin retourna à la cour de Charles V qui le chargea de délivrer la France des Grandes Compagnies, bandes de soldats de toutes les guerres, de toutes les armes, de toutes les nationalités, qui, la paix faite, pillaient le pays, le centre surtout, au lieu de rentrer chez eux. L'entrevue de Du Guesclin avec eux fut caractéristique. Bien accueilli à cause de sa grande renommée, il leur parla sérieusement de la nécessité de s'amender et leur proposa une croisade contre les Sarrasins d'Espagne chez lesquels il y avait à espérer *butin* et *rémission des péchés*. Ils le suivirent au nombre d'environ 30,000. Chemin faisant, ils pillèrent les domaines du pape d'Avignon qui ne se débarrassa d'eux qu'au prix de cent mille livres et d'une *bulle d'absolution*. En Espagne, ils prirent parti pour Henri de Transtamare qui disputait le trône de Castille à son frère Pierre le Cruel. Aidé par les Anglais, celui-ci gagna la bataille de Navarette, livrée malgré les conseils de Du Guesclin, qui fut encore fait prisonnier et emmené à Bordeaux par le Prince Noir, heureux et fier d'avoir un pareil captif. Cependant, piqué par certaines railleries, le prince anglais consentit à mettre à rançon le héros breton, qui en fixa lui-même le prix à cent mille livres. « Bon Dieu, dit le Prince Noir, où trouverez-vous tant d'argent ? — Dans la bourse de mes amis, répond Du Guesclin, et, s'il était besoin, toutes les femmes de Bretagne fileraient nuit et jour pour me procurer cette somme. » Du Guesclin a tant d'amis en effet qu'il réunit facilement le prix convenu ; mais, en faisant route pour Bordeaux, il rencontre un si grand nombre de chevaliers ruinés par des rançons exorbitantes et il est si généreux qu'il arrive devant le Prince Noir les mains vides. Sa captivité ne se prolongea pas longtemps cependant : quelques jours après, un chevalier arrive à la cour de Bordeaux la visière baissée et compte silencieusement cent mille livres à Édouard. Le messager, on le devine, venait de la part de Charles V.

Le roi de France n'eut pas lieu de regretter le sacrifice qu'il avait fait pour Du Guesclin. Libre, celui-ci se hâta de retourner en Espagne, gagna la bataille de Montiel qui valut à Henri de Transtamare la couronne de Castille et à la France un allié pour sa guerre contre les Anglais.

Les hostilités ne tardèrent pas en effet à recommencer entre la France et l'Angleterre. Du Guesclin, que le roi venait de créer connétable, prit aux Anglais un grand nombre de villes en Aquitaine, les battit dans le Maine à *Pont-Vallain*, les chassa de l'Auvergne, du Poitou et d'une partie de la Gascogne. Il faisait le siège de Châteauneuf-de-Randon (Lozère) lorsqu'il mourut précisément le jour où le gouverneur anglais devait, suivant sa promesse, rendre les clefs de la place. Il les rendit en effet et voulut les déposer sur le cercueil du connétable. Charles V fit porter ses restes à Saint-Denis, dans le caveau des rois de France. Ce vaillant homme de guerre fut pleuré de ses soldats et même des Anglais, qui l'aimaient pour sa droiture et sa loyauté. La gloire d'avoir emporté les regrets de deux nations ennemies n'appartient qu'à un petit nombre de héros : Du Guesclin, Turenne, Marceau, La Tour d'Auvergne.

CARTIER, JACQUES (1494-1554).

Né à Saint-Malo, Jacques Cartier se familiarisa de bonne heure avec la mer, et fit son apprentissage à bord de navires marchands qui lui firent faire tout jeune le voyage de Terre-Neuve. C'était l'époque des grandes découvertes dans le Nouveau-Monde. Les Espagnols et les Portugais y acquéraient de vastes et riches colonies, ce qui faisait dire à François Iᵉʳ, jaloux de leurs conquêtes : « Je voudrais bien voir l'article du testament d'Adam qui leur lègue l'Amérique ». Le monarque accueillit donc avec empressement l'offre que lui fit Jacques Cartier d'explorer pour le compte de la France les côtes de l'Amérique septentrionale. L'intrépide marin partit de Saint-Malo le 20 avril 1534 avec deux bâtiments et 61 hommes d'équipage, se dirigea vers Terre-Neuve, puis reconnut les côtes du Labrador et l'embouchure du Saint-Laurent.

Dans un second voyage, exécuté l'année suivante et qui fut très pénible, il remonta ce fleuve à 150 lieues au-delà de son embouchure.

Dans un troisième et dernier voyage, il transporta le premier vice-roi du Canada, le sire de Roberval (1541). C'est donc à un Malouin que la France a dû la première, en date, de ses colonies, le Canada, qui, bien que séparée de la mère-patrie depuis la guerre de Sept-Ans, lui est toujours attachée de cœur et parle encore sa langue.

Jacques Cartier reçut de François Iᵉʳ des lettres de noblesse. Il a écrit lui-même la relation de ses découvertes.

PORCON DE LA BARBINAIS (1639-1665).

Pierre Porcon de la Barbinais, né à Saint-Malo, est célèbre par un acte d'héroïque dévouement qui l'a fait justement comparer au Romain Régulus. Envoyé dans la Méditerranée avec une frégate de trente-six canons pour protéger le commerce français contre les Algériens, il commença par remporter quelques succès ; mais, attaqué un jour par des forces bien supérieures aux siennes, il tombe au pouvoir des pirates qui le conduisent à Alger avec tout son équipage. Le dey le charge d'aller faire des propositions de paix à Louis XIV en lui imposant la condition de venir reprendre ses fers en cas d'insuccès dans ses négociations. Porcon jure qu'il reviendra ; il sait d'ailleurs que la vie de 600 prisonniers français est le gage de sa parole. Il voit Louis XIV et lui transmet les propositions du dey ; mais, les jugeant désavantageuses pour la France, il n'insiste pas auprès du roi pour les lui faire accepter. Il échoua donc à peu près volontairement dans sa mission. Il alla ensuite à Saint-Malo mettre ordre à ses affaires et retourna à Alger malgré les supplications de sa famille. Le dey lui fit trancher la tête.

DUGUAY-TROUIN, RENÉ (1673-1736).

René Trouin-du-Gué, connu sous le nom de Duguay-Trouin, né à Saint-Malo, fut destiné par sa famille à l'état ecclésiastique ; mais le scandale de quelques aventures de jeunesse la décida à le laisser suivre sa vocation pour la marine. Il fut admis comme volontaire à bord d'un navire qui faisait la course contre les Anglais, et se distingua tellement par son audace et son habileté qu'il devint capitaine d'un corsaire à dix-neuf ans et qu'à l'âge de vingt-trois ans il reçut de Louis XIV une épée d'honneur avec le grade de capitaine de frégate dans la marine royale. La paix de Riswick (1697) interrompit ses succès et lui imposa un repos de quatre années. La guerre de la succession d'Espagne ayant éclaté au commencement de 1702, Duguay-Trouin reprit la lutte contre la marine anglaise et hollandaise, et se signala par des actions plus éclatantes encore. Cependant ce ne fut qu'au bout de quatre campagnes, dont chacune suffirait à illustrer la carrière d'un officier général de notre temps, que Louis XIV, qui pourtant l'aimait beaucoup, daigna l'élever au grade de capitaine de vaisseau (1706). L'année suivante, il remporta une de ses plus belles victoires. Ayant rencontré, à l'entrée de la Manche, où il croisait, une escadre anglaise qui escortait un convoi, il n'hésita pas à l'attaquer, et, malgré la supériorité des forces de l'ennemi, il réussit, après un combat long et acharné, à lui prendre soixante navires. En récompense de cette victoire, il fut nommé chevalier de Saint-Louis et reçut la concession d'une pension de mille livres, à laquelle il renonça en faveur de son capitaine en second, officier pauvre et de grand mérite. En 1711, il accomplit son plus beau fait d'armes, la prise de Rio-de-Janeiro, grande place forte contre laquelle avait déjà échoué une autre escadre française. Cette glorieuse expédition mit le comble à la réputation de Duguay-Trouin et lui valut le grade de chef d'escadre. Mais ce n'est que sous le règne de Louis XV qu'il reçut la juste récompense de ses services et qu'il parvint aux plus hautes dignités.

Sa statue orne l'une des places de Saint-Malo.

LA BOURDONNAIS (1699-1753).

Bertrand Mahé de La Bourdonnais, célèbre marin et administrateur, naquit à Saint-Malo. Il débuta dans la marine, dès l'âge de dix ans, par un voyage dans les mers du sud. C'est à bord des navires et grâce à des passagers complaisants qu'il fit son instruction. Doué d'une intelligence peu ordinaire et infatigable au travail, il acquit des connaissances très étendues et même très profondes en mathématiques. Il contribua puissamment au succès du siège de Mahé (1724) où il eut un commandement important quoiqu'il ne fût encore que capitaine. Pendant la paix qui suivit ce siège, il s'occupa d'entreprises commerciales et acquit une fortune colossale. Ayant fait un rapport très remarquable au gouvernement français sur la situation et les ressources des îles de France et de Bourbon, il en fut nommé gouverneur général (1733). Il les trouva dans un état complet de dénuement et d'anarchie. Tour à tour architecte, ingénieur, marin, soldat, agriculteur, il créa et vivifia tout en moins de quatre ans, procura à ces deux colonies une immense prospérité et les mit en état de défense par la construction d'arsenaux et de fortifications. La guerre ayant éclaté entre la France et l'Angleterre (1744), il réquisitionna des bâtiments de commerce qu'il arma en guerre, défit une escadre anglaise à Négapatam et sauva Pondichéry menacé. Répondant ensuite à l'appel de Dupleix, gouverneur général de l'Inde, il attaqua Madras, conduisit le siège avec une telle vigueur que le général anglais demanda à capituler au bout de cinq jours. C'est à propos de la capitulation que ces deux hommes de génie, dont l'accord aurait pu nous donner un magnifique empire colonial, se brouillèrent mortellement. La Bourdonnais, obéissant d'ailleurs aux instructions qu'il avait reçues de la Compagnie des Indes, rendit Madras aux Anglais moyennant une rançon de dix millions de livres. Dupleix, au mépris de la parole donnée par La Bourdonnais, fit casser la capitulation, accusa son rival de trahison et obtint son rappel en France. C'était une mauvaise action que Dupleix devait racheter plus tard par ses services et expier par ses malheurs. Pendant son voyage de retour, La Bourdonnais fut pris par les Anglais qui le conduisirent à Londres ; et, plus justes envers lui que ses compatriotes, ils le traitèrent avec toutes sortes d'égards. Ils le laissèrent même libre, sur sa parole, de rentrer en France pour se justifier. Aussitôt arrivé à Versailles, il fut jeté à la Bastille sans avoir été entendu, mis au secret sans autorisation de communiquer avec sa famille, sans encre ni papier, de sorte qu'il fut obligé d'écrire ses mémoires au moyen de suie et de marc de café sur des mouchoirs empesés avec du riz. Son innocence fut reconnue à la fin ; mais les chagrins et les privations de cette dure captivité de trois ans et demi avaient altéré sa santé au point qu'il mourut quelques jours après sa mise en liberté. Son procès ne l'avait pas seulement tué, il l'avait complètement ruiné. Cet homme qui avait rendu de si grands services à son pays et qui avait possédé une fortune personnelle de plus de trois millions, laissait sa femme et ses enfants dans l'indigence.

PLÉLO (1699-1734).

Louis-Robert-Hippolyte de Bréhan, comte de Plélo,

naquit à Rennes. Il entra d'abord dans l'armée ; mais, profitant des loisirs de la paix, il se livra tout entier à sa passion pour l'étude, surtout pour l'étude des langues anciennes et vivantes. Il fut l'un des membres les plus assidus et les plus distingués de la société de l'*Entresol*, petite académie fondée par l'abbé de Saint-Pierre et composée des principaux personnages de l'époque. C'est à cette société que Plélo présenta ses premiers écrits : des mémoires sur des questions d'astronomie et de mécanique, des poésies faciles et agréables. Sa connaissance parfaite des langues du Nord le fit nommer, jeune encore, ambassadeur de France à Copenhague. Il occupait ce poste lorsque l'Autriche et la Russie se coalisèrent pour écarter Stanislas Leczinski du trône de Pologne où il venait d'être appelé pour la seconde fois. Le cardinal Fleury, alors premier ministre, n'osa pas abandonner complètement le beau-père de son roi ; mais, ne se décidant qu'à contre-cœur à faire la guerre, il la fit mal. Il n'envoya qu'un secours dérisoire de 1,500 hommes à Stanislas, assiégé à Dantzig par 60,000 Russes. Le commandant du détachement, jugeant la lutte inutile en raison de l'énorme disproportion des forces, ne crut pas devoir débarquer et se retira à Copenhague. Le comte de Plélo, rougissant pour la France de cette retraite, s'offrit, sur le refus du commandant et malgré sa qualité d'ambassadeur, à ramener cette poignée d'hommes devant Dantzig. Avant de partir, il écrivit à Fleury ce billet d'un laconisme sublime : « Je suis sûr que je n'en reviendrai pas, je vous recommande ma femme et mes enfants. » La glorieuse petite troupe française culbute les avant-postes russes, leur tue 2,000 hommes et force trois retranchements. Au quatrième, Plélo tombe criblé de quinze coups de feu. Ce sacrifice n'empêcha pas la capitulation de Dantzig ; mais du moins, grâce à l'héroïque dévouement de l'illustre Breton, l'honneur français était sauf. Les 200 survivants de cette expédition furent traités avec les plus grands égards par l'armée russe, pleine d'admiration pour leur bravoure.

GUICHEN (1712-1790).

Louis-Urbain du Bouëxic, comte de Guichen, naquit à Fougères. Il entra tout jeune dans la marine et combattit les Anglais dans les trois grandes guerres de la succession d'Autriche, de Sept-Ans et de l'Indépendance américaine. C'est dans cette dernière guerre que, pourvu d'un grand commandement, il accomplit les exploits les plus éclatants.

Nommé chef d'escadre en 1776, il commandait en second à la brillante bataille d'Ouessant (1778), après laquelle notre flotte alla ravager les côtes anglaises de la Manche.

Elevé après cette campagne au grade de lieutenant-général, il succéda à d'Estaing dans le commandement de la flotte des Antilles, et il eut la gloire de vaincre, dans trois engagements successifs, le plus célèbre des amiraux anglais, Rodney, que la légèreté de quelques seigneurs français avait laissé échapper de Paris où il était retenu pour dettes.

Guichen fit encore d'autres campagnes, et, s'il n'eut plus l'occasion de se signaler par de hauts faits d'armes, du moins montra-t-il en toutes circonstances une prudence qui ne fut jamais en défaut et l'habileté d'un tacticien consommé.

LA MOTTE-PICQUET (1720-1791).

Le comte Toussaint-Guillaume Picquet de La Motte, dit Lamotte-Picquet, célèbre marin, naquit à Rennes. Il se distingua dans la guerre de la succession d'Autriche, dans la guerre de Sept-Ans et surtout dans la guerre d'Amérique. Sous les ordres de d'Orvilliers, il prit une part brillante à la bataille d'Ouessant et se signala ensuite chaque année par quelques succès sur les Anglais. Cette même année de 1778, après un mois de croisière, il rentra à Brest, ramenant avec lui treize bâtiments anglais. L'année suivante, il concourut avec d'Estaing à la prise de La Grenade. Le 18 décembre 1779 il livra, près de la Martinique, un combat acharné à une escadre anglaise bien plus forte que la sienne, et la vainquit. Ce terrible engagement, qui valut au brave marin la croix de commandeur de Saint-Louis, est représenté dans un grand tableau qui se trouve au ministère de la Marine. En 1880, il captura quinze bâtiments anglais dans la mer des Antilles, puis, sur les côtes d'Angleterre, vingt-deux navires marchands et deux corsaires qui furent vendus à Brest plus de dix millions.

Il mourut à Brest, en 1791. Il remplissait les hautes fonctions de lieutenant-général des armées navales.

LA RIBOISIÈRE (1759-1813).

Jean-Ambroise Baston, comte de La Riboisière, né à Fougères, fit de brillantes études au collège de Rennes, puis devint officier dans le régiment d'artillerie où entra plus tard Napoléon Bonaparte. Ils furent bientôt en rapport et devinrent amis. La Riboisière prit part à toutes les guerres de la Révolution et de l'Empire. Devenu général de division et chargé du commandement en chef de toute l'artillerie, il contribua puissamment au succès des grandes batailles d'Austerlitz, d'Iéna, de Friedland, de Wagram, de La Moskowa. Nommé comte de l'Empire en 1808, il fut élevé en 1811 à la dignité de premier inspecteur général de l'artillerie. A la bataille de La Moskowa, il perdit son second fils, jeune officier plein d'avenir. « Voilà, avait-il dit, en le voyant atteint, une balle qui tuera le père et le fils. » Il mourut en effet à Kœnigsberg en revenant de la campagne de Russie. Il a laissé de nombreux et importants *Mémoires* sur l'artillerie. Sa correspondance avec Napoléon Ier, imprimée en partie, offre de précieux documents pour l'histoire.

ROBERT SURCOUF (1773-1827).

Robert Surcouf, né à Saint-Malo, descendait d'un frère de Porcon de La Barbinais et, par sa mère, de Duguay-Trouin. Son grand-père, appelé aussi Robert Surcouf, s'était signalé comme capitaine de corsaire sous le règne de Louis XIV. Embarqué dès l'âge de quinze ans sur un navire qui faisait la course contre les Anglais dans la mer des Indes, le jeune Surcouf montra, par sa valeur précoce, qu'il serait digne de ses ancêtres. A vingt ans, il était capitaine d'un corsaire. A vingt-deux, il se signala par l'une des actions les plus éclatantes de nos guerres maritimes. Il venait de capturer un navire chargé de riz appartenant à la Compagnie anglaise des Indes, lorsqu'il aperçut un gros vaisseau de la même compagnie, le *Triton*, portant 30 pièces de canon et 150 hommes d'équipage. Quoiqu'il n'eût à son bord que 6 pièces de canon et 17 hommes seulement, Surcouf ne songea pas un instant à éviter le combat. Il arbora le pavillon britannique, ce qui lui permit d'approcher du navire ennemi sans en être attaqué. Arrivé à une demi-portée de pistolet du Triton, il déploie subitement le drapeau français et aborde l'ennemi. Une lutte acharnée, effroyable, s'engage. Le Français sont *un* contre *neuf*; mais telle est leur bravoure, telle est l'ardeur que leur communique le capitaine, qu'au bout de trois quarts d'heure les Anglais demandent à se rendre. Au retour de cette glorieuse expédition, Surcouf reçut un accueil triomphal à l'Ile-de-France, où son butin faisait succéder encore une fois l'abondance à la disette.

Il ne se passa pas d'année, de 1796 à 1815, qu'il ne se fit remarquer par quelque exploit, aussi l'avait-on surnommé « le roi des corsaires. » Il fut secondé par des hommes de valeur qui s'étaient formés auprès de lui, comme son compatriote Potier.

Après la paix de 1815, il vécut tranquillement à Saint-Malo, appliquant sa haute intelligence à des affaires commerciales. Il arma jusqu'à dix-neuf navires.

Napoléon l'avait décoré de la Légion d'honneur.

PIRÉ (1778-1850).

Hippolyte-Marie de Rosnyniven, marquis de Piré, naquit à Rennes, dans une vieille famille bretonne. Au début de la Révolution, il émigra avec ses parents à Coblentz et combattit dans l'armée de Condé. Ayant profité de la capitulation de l'an IV pour entrer au service de la République, il se signala à la bataille de Hohenlinden où il gagna les épaulettes de capitaine. A Austerlitz, il fit prisonnière toute une compagnie de 150 hommes. Pendant la campagne de Prusse, il se fit remarquer par plusieurs coups de main hardis et brillants; c'est ainsi qu'à la tête de 50 hommes seulement il surprit de nuit la ville de Leipsig, deux jours avant la bataille d'Iéna, et y saisit des dépêches importantes. Son nom est cité dans tous les bulletins de cette guerre. Quelques jours avant la paix de Tilsitt, l'empereur, bon juge en fait de valeur militaire, le nomma colonel, lui conféra le titre de baron avec une dotation de

10,000 francs de rente, et chargea Murat de lui attacher sur la poitrine la croix de la Légion d'honneur. Il prit part à toutes les grandes batailles de l'époque et chacune lui valut une récompense. A Somo-Sierra, il gagna le grade de général de brigade ; à Wagram, la croix d'officier de la Légion d'honneur ; à La Moskowa, celle de commandeur ; à Leipsig, le grade de général de division. Disgracié sous la première Restauration, il reprit du service pendant les Cent-Jours. Il fit des prodiges de valeur à la bataille de Waterloo et il eut l'honneur d'attacher son nom au dernier combat livré par la France à l'Europe coalisée, au combat de Roquencourt, près Versailles, où il détruisit complètement deux régiments de hussards poméraniens, les plus beaux de l'armée prussienne. Ses services à la cause de Napoléon lui furent comptés comme des crimes par le gouvernement de Louis XVIII ; il était incarcéré et il allait être condamné à mort sans l'intervention de l'empereur Alexandre qui le fit mettre en liberté et lui offrit un asile honorable en Russie. Le gouvernement de juillet le remit en activité ; mais il était dans le cadre de réserve quand éclata à Paris la terrible insurrection de juin 1848. Bien qu'âgé de 70 ans, il voulut prendre part à la lutte comme simple volontaire dans les rangs de la garde nationale. Il retrouva l'ardeur et la fougue de sa jeunesse. Il escalada le premier une barricade derrière laquelle les insurgés entretenaient un feu bien nourri, et se dressant de toute sa hauteur, il crie : « Bas les armes ! » Son aspect, sa voix tonnante intimident l'ennemi et la fusillade s'arrête. Seul, un misérable couche le vieux général en joue en lui disant : « Crie vive Barbès ! — Sous la royauté, répond Piré, on criait : « Vive le roi ! » Sous la République, tous les citoyens étant égaux, je ne crierai jamais : Vive un individu ! » Tel était l'enthousiasme qu'inspirait sa conduite qu'après la répression de la sanglante émeute, il reçut de ses compagnons d'armes une paire d'épaulettes en laine rouge avec le titre de premier grenadier de la légion, honneur qui n'avait été décerné qu'à La Tour d'Auvergne.

II. — ÉCRIVAINS

BERTRAND D'ARGENTRÉ. (1519-1590.)

Bertrand d'Argentré naquit à Vitré, en 1519. Après avoir fait de sérieuses études de droit et d'histoire à Bourges, dont l'Université était alors célèbre, il revint auprès de son père, sénéchal de Rennes, à qui il succéda dans sa charge, à l'âge de 28 ans. Il publia d'abord une histoire de Bretagne en latin, puis quelques livres de droit qui lui acquirent une telle réputation que Charles IX, passant à Châteaubriant en 1570, le fit mander *pour le voir*. Mais son œuvre capitale est une histoire de Bretagne en français, qui fut saisie dès son apparition, en 1582, parce que l'auteur, ardent ligueur et partisan du duc de Mercœur, soutenait des opinions favorables à l'indépendance de la Bretagne. Cet ouvrage fait encore autorité.

On a rendu hommage à d'Argentré en plaçant sa statue à l'entrée du palais de justice de Rennes.

GEOFFROY, JULIEN-LOUIS. (1743-1814.)

Geoffroy, né à Rennes, commença ses études au collège de sa ville natale et les termina à Paris au collège Louis-le-Grand, alors dirigé par les Jésuites. On croit que ce fut la suppression de cet ordre en 1762 qui l'empêcha d'y entrer. Il obtint au concours une chaire de rhétorique au Collège Mazarin, où il professa avec éclat. Suspect à cause de sa collaboration à un journal royaliste, *l'Ami du Roi*, il fut obligé de se cacher pendant la Terreur, et, dépourvu de ressources, il se fit pendant quelques années instituteur de village. Pour obtenir cet emploi il dut subir un examen devant un maire cultivateur qui savait à peine lire et qui faillit, dit-on, refuser comme incapable le brillant professeur de belles-lettres. Revenu à Paris en 1799, Geoffroy reprit la publication de l'*Année littéraire* dans la rédaction de laquelle il avait succédé à Fréron. En 1801, il fut attaché au plus grand journal de l'époque, le *Journal des débats*, où il publia des articles de critique littéraire qui lui acquirent une grande renommée. Ils ont été réunis en cinq volumes sous le titre de *Cours de litté-*

rature dramatique. Geoffroy a publié en outre : un *Discours sur la Critique*, un *Commentaire de Racine*, et une traduction des *Idylles de Théocrite*. Il a été le créateur du feuilleton littéraire et le plus célèbre des critiques de l'époque impériale.

GINGUENÉ, PIERRE-LOUIS (1748-1816.)

Après avoir fait de très bonnes études au collège de Rennes, sa ville natale, et s'être acquis une certaine réputation par de petites poésies, Ginguené voulut se produire dans la capitale. Ayant réussi à y trouver un emploi de précepteur, qui lui permettait de vivre, il put s'adonner encore à la littérature, et il publia dans l'*Almanach des Muses* des poésies légères, parmi lesquelles la *Confession de Zulmé*, qui obtint un vif succès. Il accepta avec enthousiasme les principes de la Révolution et fit paraître quelques publications favorables au nouvel ordre de choses. Mais, adversaire du gouvernement de la Terreur et de son système de proscriptions, il fut incarcéré avec les poètes Roucher et André Chénier. Plus heureux qu'eux, il fut sauvé par le 9 thermidor et arriva aux plus hauts emplois pendant la réaction qui suivit la chute de Robespierre. Il fut nommé d'abord commissaire adjoint de l'Instruction publique, puis directeur général de ce service qu'il réorganisa entièrement. En 1797, il fut nommé ambassadeur à Turin et, la même année, élu membre de l'Institut. Au moment de la création du Tribunat, il fut appelé à y siéger; mais, ayant fait de l'opposition à Bonaparte dans quelques circonstances, il fut compris dans les premières éliminations. Dégagé désormais de toute préoccupation politique, il se livra tout entier à ses travaux littéraires. Il coopéra avec plus d'ardeur que jamais à la *Décade philosophique*, seule publication républicaine du temps. Il fut chargé par l'Institut de continuer l'*Histoire littéraire de la France*, commencée par les bénédictins et interrompue depuis 40 ans. Enfin il publia une *Histoire de la littérature italienne* en 14 volumes, qui est restée son principal titre à la célébrité.

DUVAL, ALEXANDRE (1767-1842.)

Alexandre Duval, né à Rennes, prit part comme volontaire à la guerre de l'indépendance américaine et à la campagne de 1792. Il devint ensuite successivement ingénieur, dessinateur, acteur, auteur dramatique et directeur du théâtre de l'Odéon. Il s'est placé par ses comédies parmi les meilleurs écrivains de son temps, à côté d'Andrieux, de Picard et d'Etienne. Parmi ses œuvres, dont l'ensemble ne forme pas moins de neuf volumes, on peut citer les comédies suivantes comme ayant eu un grand succès : *les Héritiers, le Tyran domestique, le Chevalier d'industrie, la Fille d'Honneur et le Faux Bonhomme.* Il fut élu membre de l'Académie française et, après la Révolution de 1830, nommé conservateur-administrateur de la bibliothèque de l'Arsenal. Aussi recommandable comme homme privé que comme écrivain, il eut toujours un grand nombre d'amis dans la bonne comme dans la mauvaise fortune. Les jeunes Bretons qui allaient à Paris trouvaient tous en lui un protecteur dévoué.

CHATEAUBRIAND, FRANÇOIS-RENÉ (1768-1848).

Le vicomte de Châteaubriand naquit à Saint-Malo et passa son enfance au château de Combourg, domaine de sa famille. Après avoir fait ses études au collège de Rennes, il entra dans l'armée malgré ses parents qui le destinaient à l'état ecclésiastique. Le service militaire l'ennuyant bientôt, poussé d'ailleurs par le goût des voyages, il s'embarqua pour l'Amérique du Nord, dont il visita les villes nouvelles, les forêts vierges, les peuplades sauvages et primitives. Deux ouvrages, le *Voyage en Amérique* et *les Natchez*, publiés beaucoup plus tard, racontent les aventures ou les impressions du jeune explorateur. Les événements de 1792 le firent revenir en France. Hostile à la Révolution, il s'enrôla dans l'armée de Condé. Blessé au siège de Thionville, il se fit transporter à Londres, où il vécut pauvrement quelques années du produit des leçons de français qu'il donnait. Il y prépara son *Génie du Christianisme*, son œuvre capitale, qui parut à Paris en 1802. Le succès en fut immense et le retentissement d'autant plus grand que sa publication coïncidait avec le Concordat et semblait faite pour l'appuyer. Le premier consul en sut gré à Châteaubriand et le nomma secrétaire d'ambassade à

Rome, puis ministre plénipotentiaire dans le Valais. Le diplomate breton donna sa démission à la nouvelle de l'exécution du duc d'Enghien, et fut dès lors systématiquement hostile à Napoléon. En 1806, il parcourut tous les pays qui bordent la Méditerranée : l'Italie, la Grèce, l'Asie Mineure, la Palestine, l'Égypte, la Tunisie, l'Espagne. Ce voyage lui inspira deux livres, deux chefs-d'œuvre : l'*Itinéraire de Paris à Jérusalem* et les *Martyrs*. Il accueillit avec transport le retour des Bourbons. Pair de France, deux fois ministre, ambassadeur à Londres et à Berlin, il fut mêlé à la politique et à tous les grands événements de la Restauration, souvent dans l'opposition ministérielle, mais toujours royaliste. La révolution de 1830 le rendit à la vie privée, et, à partir de cette date, il ne s'occupa plus que de travaux littéraires.

Suivant son désir, il a été enterré dans un îlot, près de Saint-Malo, le Grand-Bey. Sa ville natale lui a élevé une statue en bronze.

Si l'on peut contester la valeur de Châteaubriand comme homme politique, il a droit assurément, comme écrivain, à une place éminente parmi les grands hommes dont s'honore la France. Il a été le principal promoteur d'un grand mouvement dans les lettres, appelé le *Romantisme*, qui a succédé à la littérature, dite *classique*, des trois siècles précédents.

LAMENNAIS (1782-1854).

Hugues-Félicité-Robert de Lamennais naquit à Saint-Malo, dans la même rue que Châteaubriand. Il perdit de bonne heure sa mère et fut élevé sans suite ni direction, faisant au hasard les études et les lectures les plus diverses, flottant entre une foi exaltée et l'incrédulité. Toute sa vie d'écrivain et d'homme politique se ressentit de cette enfance et de cette éducation, présentant comme elles des singularités et des variations. Il ne fit sa première communion qu'à vingt-deux ans et ne fut ordonné prêtre qu'à trente-cinq ans. D'abord partisan du pouvoir absolu du pape, il publie une de ses œuvres capitales, l'*Essai sur l'indifférence en matière de religion* (1823). Il est alors très bien accueilli par le pape Léon XII, qui lui offre le cardinalat et l'appelle le dernier

Père de l'Église. Il est partisan à la même époque de l'absolutisme en politique et soutient cette doctrine dans son journal le *Drapeau blanc*.

Après 1830, il passe à l'opposition libérale et fonde avec ses amis, Lacordaire et Montalembert, le journal l'*Avenir*, dont les doctrines ne tardent pas à être condamnées par le Saint-Siège. Abandonné aussitôt par ses amis, Lamennais se soumet; mais sa soumission ne paraît pas avoir été sincère, car il fit paraître peu après les *Paroles d'un Croyant*, pamphlet virulent qui fut également condamné. Il eut en même temps des démêlés avec le pouvoir séculier : son nouveau journal, le *Monde*, lui attira une forte amende et un an de prison.

Député en 1848, il siégea à la Montagne. Il ne joua d'ailleurs à l'Assemblée constituante qu'un rôle très effacé. Après le coup d'État du 2 décembre 1851, il rentra dans la vie privée et s'adonna exclusivement à ses études.

Outre les ouvrages cités ci-dessus, Lamennais a écrit: *Le Livre du peuple*, *l'Art et le Beau*, une *Voix de Prison*, etc. C'est un des plus grands écrivains du dix-neuvième siècle.

III — SAVANTS

MAUPERTUIS (1698-1759).

Pierre-Louis Moreau de Maupertuis, mathématicien et littérateur, naquit à Saint-Malo. Il débuta par la carrière militaire, mais il la quitta de bonne heure pour se livrer tout entier à sa passion favorite, l'étude et surtout l'étude des mathématiques et de l'astronomie. Ses premiers travaux eurent assez d'éclat pour le faire entrer à l'Académie des sciences dès l'âge de vingt-cinq ans. Il y fut le premier défenseur des principes de Newton; le premier aussi il émit l'idée que la terre doit être aplatie aux pôles, et c'est pour vérifier cet aplatissement qu'il fut chargé, avec Clairault et deux autres savants, d'aller mesurer un degré terrestre en Laponie, sous le cercle polaire. La relation de ce curieux et pénible voyage a été consignée par lui dans un livre intitulé *la Figure de la Terre*. Sa réputation était alors si bien établie que Frédéric II, qui venait de monter sur le trône de Prusse, l'appela auprès de lui. Il le chargea de réorganiser l'Académie de Berlin, dont il le nomma président perpétuel avec des pouvoirs très étendus. Malgré l'affection constante que lui témoigna le roi de Prusse, il eut bien des désagréments à souffrir pendant son séjour à Berlin. Il fut attaqué d'abord par le mathématicien hollandais Kœnig, qui lui contesta la découverte d'un principe de mécanique; puis par Voltaire, qui publia contre lui son roman *Micromégas* et les *Diatribes du Docteur Akakia*. Ces démêlés, dont son caractère ombrageux et susceptible aggrava les conséquences, empoisonnèrent ses dernières années et même altérèrent profondément sa santé. Pour essayer de se rétablir, il revint en France et séjourna quelque temps à Saint-Malo. Il mourut à Bâle en revenant de ce voyage, « *entre deux capucins,* » dit Voltaire, qui ne respecta même pas son agonie. Il était de l'Académie française depuis 1743.

BIGOT DE PRÉAMENEU, FÉLIX-JULIEN-JEAN
(1750-1825)

Ce célèbre jurisconsulte naquit à Redon. Il joua un rôle important dans l'Assemblée Législative qu'il présidait au moment où Louis XVI y vint en personne pour annoncer qu'il déclarait la guerre à l'Autriche (19 avril 1792). S'étant retiré à Rennes après le 10 août, il y fut arrêté comme suspect, conduit à Sainte-Pélagie, et il allait passer devant le tribunal révolutionnaire lorsque le 9 thermidor lui rendit la liberté. Il retourna à Rennes, où il demeura trois ans, étranger à la politique, occupé seulement de la publication de livres de jurisprudence et de l'organisation des écoles primaires de la ville.

Son élection à l'Institut, en 1800, attira sur lui l'attention de Bonaparte qui l'appela à la présidence d'une section du Conseil d'État et le chargea de concert avec quelques jurisconsultes éminents, Tronchet, Portalis, etc., de la rédaction du Code civil. Il fut nommé en 1808 ministre des cultes et remplit ces hautes fonctions avec tact et modération dans des circonstances difficiles. A l'avènement de la Restauration, il rentra complètement et définitivement dans la vie privée. Il avait été nommé comte de l'Empire et grand officier de la Légion d'honneur.

BROUSSAIS, FRANÇOIS-JOSEPH-VICTOR (1772-1838).

Broussais, né à Saint-Malo, embrassa la carrière médicale, comme son père et son aïeul, après avoir toutefois pris part, en qualité de sergent de la compagnie franche de Dinan, aux campagnes de 1792 et de 1793. Comme chirurgien de marine, il fit plusieurs campagnes contre les Anglais, soit à bord des bâtiments de l'État, soit à bord des corsaires. Il suivit ensuite, comme médecin militaire, les armées de l'Empire à travers l'Europe. En 1814, il devint professeur à l'hôpital militaire d'instruction du Val-de-Grâce. Dès les premiers jours de la Restauration, il ouvrit à Paris des cours publics pour exposer de nouvelles théories médicales, qu'il propagea ensuite par ses écrits. Ses cours et ses publications eurent un grand retentissement, et ses doctrines opérèrent une révolution en médecine. La vogue de Broussais dura jusqu'à sa mort, arrivée en 1838. Elle a beaucoup décliné aujourd'hui, et l'on n'admet plus tous les principes de l'*École physiologique*; mais il est juste de reconnaître que Broussais a fait faire de grands progrès à la médecine.

Il s'était élevé aux plus grands honneurs et aux fonctions les plus éminentes. Une statue lui a été élevée au Val-de-Grâce, dont il était devenu le médecin en chef.

BERTRAND ALEXANDRE (1795-1831).

Bertrand, Alexandre-Joseph-François, naquit à Rennes et fit ses études au lycée de cette ville. Il quitta volontairement l'école Polytechnique pour se vouer à la médecine. Il se rendit célèbre par ses théories sur les phénomènes du magnétisme, du somnambulisme et de l'extase, théories qu'il propagea par ses écrits et par ses cours publics qui furent très suivis. Outre ses publications sur cette matière, il composa ses *Lettres sur les Révolutions du Globe*, ouvrage simple, très propre à populariser l'étude de la géologie et qu'on lit encore aujourd'hui avec intérêt. Il a écrit aussi des *Lettres sur la Physique*, et il a fait paraître dans le journal *Le Globe* de nombreux articles scientifiques qui ont survécu aux productions ordinaires de la presse quotidienne. Il mourut par suite d'excès de travail, à peine âgé de 30 ans.

IV. — MAGISTRATS ET HOMMES POLITIQUES.

LA CHALOTAIS (1701-1785).

René-Louis Caradeuc de La Chalotais, célèbre magistrat, Procureur général au Parlement de Bretagne, naquit à Rennes. Il n'avait guère écrit, et, malgré son talent de parole, la droiture et l'indépendance de son caractère, il était à peu près inconnu en dehors de la province avant l'affaire des Jésuites. Après la banqueroute frauduleuse du Père Lavalette à la Martinique, et l'arrêt prononcé à cette occasion par le Parlement de Paris, tous les parlements du royaume se firent représenter les statuts des Jésuites et les condamnèrent sur des réquisitoires sérieusement motivés. Le plus célèbre et le plus remarquable de tous ces réquisitoires fut le *compte rendu* de La Chalotais. Suivant les conclusions de son procureur général, le Parlement de Bretagne rendit un arrêt qui interdisait l'enseignement aux Jésuites et ordonnait que les livres contenant leurs doctrines fussent brûlés par la main du bourreau (1762). Deux ans après, l'ordre succombait en France, et, onze ans plus tard, il était supprimé par le pape Clément XIV.

Après avoir fait enlever l'enseignement aux Jésuites, La Chalotais se préoccupa de le rétablir sur de nouvelles bases. Il publia à cet effet son *Essai d'éducation nationale ou Plan d'études pour la jeunesse*, œuvre de grande valeur qui eut comme le *compte rendu* un retentissement considérable. Voltaire écrivit à l'auteur : « Vous donnez envie d'être régent de physique et de rhétorique ; vous faites de l'éducation des enfants un grand objet de gouvernement ! »

Ce qui acheva de rendre populaire le nom de La Chalotais, ce fut la lutte qu'il soutint avec la majorité du Parlement pour empêcher l'établissement de nouveaux impôts sur la Bretagne. Irrité de cette opposition,

Pagination incorrecte — date incorrecte

NF Z 43-120-12

le duc d'Aiguillon, gouverneur de la province, fit arrêter La Chalotais, son fils, qu'il avait associé à sa charge de procureur général, et trois conseillers au Parlement. Leur procès, qui dura très longtemps, produisit une émotion d'autant plus vive que l'opinion publique regardait La Chalotais comme une victime des machinations des Jésuites. Quoique le fameux *mémoire justificatif* qu'il écrivit dans sa prison de Saint-Malo « avec un cure-dents trempé dans une encre faite avec de la suie de cheminée sur du papier d'enveloppe de chocolat, » eût démontré l'inanité des charges qu'on lui imputait, l'illustre magistrat ne put rentrer à Rennes et reprendre l'exercice de ses fonctions qu'après la mort de Louis XV, c'est-à-dire après dix années d'absence partagées entre la prison et l'exil.

LEPERDIT (1752-1825).

Jean Leperdit vivait modestement à Rennes, de son métier de tailleur, quand arriva la Révolution. Il la salua avec joie, mais, dépourvu d'ambition, il ne visait à aucun rôle. « Tout aux plus capables, » disait-il, et il ne se croyait pas de ce nombre. Cependant en 1793, quand éclata le mouvement fédéraliste à la suite de l'expulsion des Girondins, on lui offrit la mairie de Rennes. Comme il y avait des dangers à courir et des services à rendre, il accepta.

Peu après, Carrier vint à Rennes et demanda immédiatement une liste de proscription. On s'empresse de la dresser et on la met sous les yeux de Leperdit : « Cette liste est un bon pour le bourreau, dit celui-ci, je ne la signerai pas. » Et il la déchire. « Qui donc est le maître ici, de toi ou de moi ? » s'écrie Carrier. — « Ni l'un ni l'autre, c'est la justice qui commande. Nous ne sommes pas ici des assassins. — Tu veux donc que je t'envoie à la guillotine ? — Envoie. »

Un autre jour, le terrible conventionnel lui reprochait d'avoir favorisé la fuite de plusieurs prêtres détenus qui étaient, disait-il, *hors la loi*. « Ils n'étaient pas hors l'humanité, » répondit le maire.

Cette froide et inflexible impassibilité déconcerta Carrier, qui se décida à partir pour Nantes. En quittant concurrent. Il mourut en 1800. Il a laissé, outre plusieurs ouvrages sur l'art des fortifications : *les Correspondances pendant les campagnes de 1757 à 1760, pour servir à l'histoire de la dernière guerre*; *Relation du siège de Saint-Jean d'Acre*.

COULOMB (Charles-Auguste de). — Coulomb naquit à Angoulême en 1736. Il fit de bonnes études et servit dans le corps du génie comme lieutenant-colonel. Ses qualités sérieuses le firent remarquer et il fut envoyé à la Martinique où il construisit le fort Bourbon. Plusieurs fois lauréat de l'Académie des sciences, il fit partie de l'Institut. Quelques années plus tard, il fut nommé inspecteur général de l'Université.

Coulomb fut un véritable chercheur. Il a fait d'importantes découvertes en électricité. Le premier, il a démontré que l'électricité à l'état libre se porte à la surface des corps. C'est à lui que nous devons la balance de torsion. Il mourut à l'âge de 70 ans, le 23 août 1806.

GAUDICHAUD (Charles). — Gaudichaud est né à Angoulême le 4 septembre 1789. De bonne heure, il eut du goût pour la botanique et les voyages et fut d'abord pharmacien de marine. En 1817, il fut désigné en qualité de pharmacien-botaniste pour accompagner l'expédition scientifique à bord de la corvette *l'Uranie*. Sa mission fut d'abord heureuse; Gaudichaud recueillait des échantillons nombreux et variés, mais la troisième année l'*Uranie* fit naufrage vers les îles Malouines. Le savant botaniste réussit cependant à sauver presque complètement ses nombreuses collections. A son retour, Gaudichaud publia une partie des relations de ce voyage: *la Flore des îles Malouines* et le *Voyage de l'Uranie, botanique*. En 1831, il partit de nouveau et explora pendant deux ans les côtes de l'Amérique. Il ne revint en France que pour s'embarquer de nouveau, au bout de quelques mois, à bord de la *Bonise* qui allait entreprendre un voyage de circumnavigation. Au cours de ce voyage, qui devait être le dernier, il apprit qu'il venait d'être nommé membre de l'Académie des sciences. Il était alors à Bourbon.

De retour en France, Gaudichaud consacra le reste de sa vie à mettre en ordre les notes et les collections importantes qu'il avait recueillies. La physiologie végétale excitait particulièrement sa curiosité. Il soutint même une polémique du plus haut intérêt sur le développement des végétaux. Mais sa santé, altérée par les voyages et par l'étude, ne tarda pas à être irrémédiablement compromise. Il publia plusieurs ouvrages remarquables et mourut à Paris le 26 janvier 1854.

BOUILLAUD (Jean-Baptiste). — Bouillaud fut un médecin distingué. Il naquit à Charras en 1796, et en 1823 obtint à Paris le grade de docteur. Quelques savants lui reprochent d'avoir porté un peu loin l'esprit de système, mais il n'en reste pas moins au premier rang des médecins contemporains. Il a publié de nombreux ouvrages. Les plus importants sont : *Traité du choléra*, paru en 1832, *Essai sur la philosophie médicale*, paru en 1836, *Traité des maladies du cœur*, paru en 1842. Nommé doyen de la Faculté de médecine, en 1848, il fut en butte à des inimitiés ardentes et dut se retirer. De 1842 à 1846, il représenta la ville d'Angoulême à la Chambre des députés ; il siégeait à gauche. Ses concitoyens ont tenu à honorer sa mémoire en lui élevant une statue sur l'une des principales places de la ville. Bouillaud mourut à Paris, le 20 octobre 1881.

III — HOMMES DE GUERRE

SANSAC (Louis Prévôt de). — Sansac est né à Cognac en 1486. Il passa une partie de sa jeunesse à la cour des Valois-Angoulême et devint page du jeune Anne de Montmorency qui, plus tard, fut fait connétable. Il prit part à la défense de Mézières en 1521, fut placé ensuite à la tête d'un corps d'armée de seize mille hommes, dans le Milanais, et assista à l'assaut de Novare. Pris à Pavie, en 1525, il réussit à s'échapper, et Louise de Savoie le chargea de sa correspondance avec François Ier, retenu prisonnier. En 1554, il fut chargé de la défense de la Mirandole contre les troupes espagnoles et pontificales ; les assiégeants durent se retirer. A son retour, il fut nommé par Henri II gouverneur des enfants de France. Durant sa vie, Sansac prit part à quinze sièges et à quinze batailles rangées et ne reçut qu'une seule blessure, à la bataille de Dreux, en 1562. Il mourut à Cognac, où il s'était retiré en 1566.

LA VALETTE (Bernard de Nogaret, duc de). — La Valette est né à Angoulême en 1592. Il chassa les Espagnols du Labourd (aujourd'hui arrondissement de Bayonne) qu'ils avaient envahi ; ensuite nommé colonel-général de l'infanterie, il servit sous Condé ; mais, jaloux de la gloire de son général, il parvint à le faire échouer au siège de Fontarabie. Richelieu voulut le faire arrêter ; pour échapper au juste châtiment qui l'attendait, il s'enfuit en Angleterre. Condamné à mort par contumace, il ne rentra en France qu'après la mort de Louis XIII. Il demanda et obtint l'annulation du jugement qui l'avait frappé et fut nommé d'abord gouverneur de la Guyenne, ensuite de la Bourgogne. Il mourut en 1661.

DUPONT DE L'ÉTANG (Pierre). — Dupont de l'Étang est né à Chabanais en 1765. Il s'enrôla dans une légion française au service de la Hollande. Rappelé en France, à l'âge de vingt-six ans, il prit une part brillante à la campagne de l'Argonne, se distingua à Valmy et au passage des Islettes. Nommé chef d'état-major à l'armée de Belgique, il fut fait général de brigade au combat de Menin, en 1793, et contribua à la victoire d'Hondschoote. Quelque temps après, Carnot l'appela au Comité de salut public et l'employa comme chef du bureau de topographie. Mêlé au 18 brumaire, il suivit Bonaparte en Italie et se distingua à la bataille de Marengo. Ministre extraordinaire dans le Piémont, puis commandant de l'aile droite de l'armée d'Italie, il se signala par un brillant fait d'armes après avoir traversé le Mincio, et qui lui valut le surnom d'*Audacieux*.

Pendant la campagne de 1805, il contraignit le prince Ferdinand à se retirer dans la Bohême, battit le général russe Kutusoff et délivra ainsi le corps d'armée du maréchal Mortier. Il prit une part glorieuse à la campagne de 1806 et contribua au succès de la bataille de Friedland, pendant la campagne de 1807.

La paix de Tilsitt sembla mettre un terme à ses succès. En Espagne, heureux au début de la campagne, il perdit la bataille de Baylen et se rendit au général espagnol. Il avait mieux à faire. A la suite de sa capitulation, le général Dupont fut traduit devant un tribunal d'honneur, condamné à la dégradation militaire et à la détention dans une prison d'État. Ce jugement fut rendu en mai 1812. Louis XVIII, arrivé au pouvoir, fit Dupont ministre de la guerre. Le choix ne fut pas heureux. Le nouveau ministre révoqua les vieux officiers de l'Empire qu'il remplaça par d'anciens émigrés ou de jeunes gentilshommes. La plus grande confusion ne tarda pas à régner dans tous les services du ministère de la guerre : aussi Louis XVIII retira-t-il à Dupont son portefeuille.

En 1815, ses compatriotes le choisirent pour leur député ; il conserva son mandat jusqu'en 1830, et sembla vouloir faire oublier, par sa modération, le souvenir de son passé réactionnaire.

Dupont aimait les lettres. Il a laissé plusieurs ouvrages, notamment un poème en dix chants sur l'Art de la guerre.

IV — PERSONNAGES DIVERS

LAPLACE (Pierre de). — Laplace fut un jurisconsulte. Il naquit à Angoulême en 1520 et fit ses études à Poitiers. Là, il connut Calvin qui le gagna aux idées religieuses nouvelles. Plus tard, il se fixa à Paris et fut président de la Cour des aides. A l'âge de quarante ans, il se déclara publiquement pour le protestantisme, mais, dès le commencement des troubles religieux, il se retira en province, dans l'Angoumois. Après l'édit de pacification, il reprit les fonctions de sa charge et mourut enveloppé dans le massacre de la Saint-Barthélemy, en 1572. Outre plusieurs ouvrages de droit, il a laissé *les Commentaires de l'état de la religion et république, sous les rois Henri II, François II et Charles IX*.

Leperdit, il lui dit d'un ton menaçant : « Je reviendrai. — Tu me retrouveras, » lui fut-il répondu.

Pendant une disette, une foule s'assemble sur la place de la mairie, et, excitée par la faim et par quelques meneurs, demande le maire avec des cris et des menaces. Malgré le danger et malgré ses amis qui essayent de le retenir, il veut descendre sur la place pour parler au peuple. A peine a-t-il paru qu'on lui lance des pierres. Il est atteint au front et son sang coule. « Mes amis, dit-il, je regrette de n'avoir pas, comme autrefois Jésus, le pouvoir de changer ces pierres en pains ; mais si mon sang pouvait vous nourrir, je vous le donnerais jusqu'à la dernière goutte. » Ces paroles sublimes touchent tous les cœurs, et les dispositions de la foule changent bientôt si complètement que Leperdit est porté en triomphe.

Vint la réaction de thermidor : les dangers étant passés et les candidats aux fonctions de maire de Rennes nombreux, Leperdit donna sa démission. Il semblait ne rien comprendre à la vénération qui s'attachait à lui. « Je n'ai fait que mon devoir, » répétait-il. Son devoir, il le fit en toutes circonstances, et jamais il ne transigea avec sa conscience. Il refusa la croix de la Légion d'honneur et toutes les propositions de Napoléon qu'il vit à Nantes et qui essaya de se l'attacher. Il résista aussi au préfet de la Restauration qui voulait le contraindre, la menace à la bouche, à prêter serment à Louis XVIII. « Vous levez la tête bien haut ! » lui dit ce jeune préfet. « C'est que je n'ai rien dans ma vie qui puisse me la faire baisser, » répondit l'ancien maire de Rennes.

Sa mort fut digne de sa vie. Le feu ayant pris dans un bâtiment communal, Leperdit, quoique âgé de 73 ans, fut un des premiers à courir au danger. Il reçut sur la tête des débris enflammés qui le blessèrent si grièvement qu'il succomba au bout de quelques jours.

LANJUINAIS (1753-1827).

Jean-Denis Lanjuinais naquit à Rennes, dans une famille de magistrats. Professeur de droit et avocat renommé dans sa ville natale, il fut élu député aux États-Généraux et siégea parmi les constitutionnels les plus avancés. Envoyé à la Convention, il vota, dans le procès du roi, pour la réclusion et le bannissement. Il combattit énergiquement toutes les mesures extrêmes proposées par les montagnards, notamment la création du tribunal révolutionnaire. Mais c'est dans la séance du 2 juin 1793 que son énergie et son courage se manifestèrent d'une manière éclatante. Les montagnards, appuyés par 80,000 hommes armés qui cernaient la Convention, demandaient l'arrestation de trente-deux députés républicains modérés ou Girondins, parmi lesquels siégeait Lanjuinais. Indigné de cet attentat contre la représentation nationale, celui-ci monte le premier à la tribune : on veut l'en arracher, il s'y cramponne de toutes ses forces. Le boucher Legendre lui crie : « Descends ou je vais t'assommer. » Lanjuinais le cloue sur son banc par ces mots : « Fais décréter que je suis bœuf et tu m'assommeras. » Des cris et des injures éclatent de toutes parts, l'orateur promène sur l'assemblée un regard assuré. « On a vu, s'écrie-t-il, dans l'antiquité orner les victimes de fleurs et de bandelettes ; mais le sacrificateur qui les immolait ne les insultait pas. Plusieurs Girondins consentent à abdiquer leurs fonctions ; Lanjuinais s'y refuse. « On veut, dit-il, le sacrifice de nos pouvoirs ; mais les sacrifices veulent être libres et nous ne le sommes pas. N'attendez donc de moi ni démission ni suspension momentanée... » L'admiration excitée par cette conduite fut telle que, malgré la terreur dominante, plusieurs villes, parmi lesquelles Rennes et Saint-Malo, lui envoyèrent des adresses de félicitations. Proscrit peu après, il réussit à se cacher à Rennes pendant la Terreur et put rentrer à la Convention après la chute de Robespierre. Il fit partie du Conseil des Anciens, puis, après le 18 brumaire, du Corps Législatif. Quoiqu'il eût voté contre le consulat à vie et contre l'empire, il fut créé comte en 1808. Il présida la chambre des députés pendant les Cent-Jours. Pair de France sous la Restauration, il vota jusqu'à sa mort avec le parti libéral. Il était membre de l'Académie des Inscriptions et belles-lettres depuis 1808.

V. — PERSONNAGES DIVERS.

Boisgelin de Cicé (1732-1804), né à Rennes, fut évêque de Lavaur, puis archevêque d'Aix, où il se signala par son zèle et sa générosité lors d'une disette. Aux États-Généraux, où il siégea comme député du clergé, il vota la réunion des trois ordres et l'abolition des privilèges. Dépossédé de son archevêché en 1790, il se retira en Angleterre d'où il ne revint qu'après le Concordat. Il devint ensuite archevêque de Tours et cardinal. Il a laissé des discours de circonstance, des poésies légères et une traduction en vers des Héroïdes d'Ovide.

Corbières (1767-1853), né à Amanlis, doyen de la faculté de droit de Rennes, député d'Ille-et-Vilaine pendant la Restauration, ministre de l'intérieur dans le cabinet Villèle, se signala par ses opinions ultra-royalistes, ses rigueurs contre la presse, le parti libéral et l'enseignement.

Defermon des Chapellières (1756-1831), né à Rennes, fut député à l'Assemblée Constituante et à la Convention qu'il présida pendant le procès de Louis XVI. Proscrit après le 31 mai, il rentra en France après le 9 thermidor, passa au Conseil des Cinq-Cents, devint, pendant le Consulat et l'Empire, conseiller d'État, directeur de la dette publique et ministre d'État.

Delaborde (Henri), né à Rennes en 1811, peintre et historien d'art.

Desfontaines (1751-1833), né à Tremblay, savant botaniste, fut membre de l'Académie des sciences et professeur, pendant plus de quarante ans, au Jardin des Plantes. Il explora le nord de l'Afrique et publia la *Flora atlantica*, premier ouvrage de géographie botanique qui ait paru.

Ducrest de Villeneuve (1777-1852), né au Theil, fut chargé en 1806 du commandement d'une goëlette que l'on envoyait porter des nouvelles à l'Ile-de-France, à Bourbon, à Batavia, à Manille. Il accomplit avec succès cette mission des plus difficiles et des plus périlleuses. Prisonnier des Anglais en 1810, puis échangé, il retomba en leur pouvoir en 1814. Il devint amiral et préfet maritime à Lorient.

Duval (Amaury), (1760-1839), frère d'Alexandre Duval et né, comme lui, à Rennes, membre de l'Académie des Inscriptions et belles-lettres, remplaça Ginguené dans la rédaction de l'*Histoire littéraire de la France*.

Féval (Paul), né à Rennes en 1817, mort à Paris en 1887, a été l'un des romanciers célèbres de notre temps.

Gerbier (1725-1788), né à Rennes, fut un célèbre avocat et plaida les causes les plus retentissantes de son temps.

Gournay (1712-1759), né à Saint-Malo, économiste français, est l'auteur de la fameuse formule : « Laissez faire, laissez passer. »

Kéralio (1731-1793), littérateur, né à Rennes, a été membre de l'Académie des Inscriptions.

Kératry (1769-1859), né à Rennes, fut littérateur et homme politique. Il fut député de l'opposition libérale pendant la Restauration, pair de France sous le gouvernement de Juillet, doyen d'âge de l'Assemblée législative en 1849. Il a publié des écrits politiques et de nombreux romans.

La Mettrie (1709-1751) est né à Saint-Malo. Chassé de France et de Hollande pour ses publications matérialistes, il devint lecteur du roi de Prusse, Frédéric II, et membre de l'Académie de Berlin, fondée et présidée par son compatriote Maupertuis.

Landais (Pierre), né à Vitré, fils de tailleur et tailleur lui-même, devint valet de garde-robe du dernier duc de Bretagne, François II, et sut si bien gagner sa confiance qu'il le gouverna d'une manière absolue. Les nobles, qu'il opprimait, conspirèrent contre lui et finirent par contraindre le duc à leur livrer son favori qu'ils firent pendre.

Le Chapelier, naquit à Rennes en 1754 et fut guillotiné à Paris, en 1794. L'un des chefs du parti constitutionnel à l'Assemblée Constituante, il y joua un rôle considérable par son talent et sa droiture.

Dom Lobineau (1666-1727), savant bénédictin, attaché au couvent de saint Melaine, à Rennes, sa ville natale, a écrit, après douze ans de recherches dans les archives de la province, une « Histoire de Bretagne », encore très estimée aujourd'hui. Il a publié une « Vie des saints de la Bretagne » et une « Histoire de la ville de Paris ».

Pommareul (baron de), naquit à Fougères en 1745, mourut à Paris en 1823. Envoyé par Louis XVI dans le royaume de Naples pour y réorganiser l'artillerie, il ne reprit de service en France qu'après le 18 brumaire. Il fut sous l'empire préfet, conseiller d'État et directeur de la librairie. Il a laissé plusieurs ouvrages.

Poulain-Duparc (1703-1782), né à Rennes et professeur de droit à la faculté de cette ville, acquit comme jurisconsulte une réputation qui balança presque celle de Pottier. — Principaux ouvrages : *Journal des arrêts du Parlement de Bretagne*, des *Coutumes de Bretagne*, les *Principes du droit français*.

Quérard (1797-1865), né à Rennes, l'un des meilleurs biographes de notre temps. — Principales publications : l'*Année littéraire* (10 volumes), les *Supercheries littéraires dévoilées* (1845-1856), *Auteurs déguisés de la littérature française du dix-neuvième siècle* (1865), etc.

Savary (1750-1788), né à Vitré, voyageur et orientaliste, auteur de « Lettres sur l'Égypte » et d'une grammaire arabe.

Toullier, né à Dol en 1751, mort à Rennes en 1835, célèbre jurisconsulte, professeur à la faculté de droit de Rennes. A publié le « Droit public français, » en 4 volumes.

Tournemine (1661-1739), né à Rennes, savant jésuite, directeur du « Journal de Trévoux. »

Trublet (l'abbé), né et mort à Saint-Malo (1697-1770), littérateur et membre de l'Académie française. Ses critiques contre Voltaire lui attirèrent l'animosité du poète. Tout le monde connaît ces vers du « Pauvre diable » :

L'abbé Trublet avait alors la rage
D'être à Paris un petit personnage...

TABLE ALPHABÉTIQUE

DES PERSONNAGES REMARQUABLES D'ILLE-ET-VILAINE

	Pages.		Pages.
Bertrand (Alexandre)	36	La Bourdonnais	23
Bertrand d'Argentré	30	La Chalotais	37
Bigot de Préameneu	35	Lamennais	33
Boisgelin de Cicé	41	La Mettrie	42
Broussais	36	La Motte-Piquet	26
Cartier	21	Landais	42
Châteaubriand	32	Lanjuinais	39
Corbières	41	La Riboisière	27
Defermon des Chapellières	41	Le Chapelier	42
Delaborde	41	Leperdit	38
Desfontaines	41	Lobineau	42
Ducrest de Villeneuve	41	Maupertuis	34
Duguay-Trouin	22	Plélo	24
Du Guesclin	18	Piré	28
Duval (Alexandre)	31	Pommareul	43
Duval (Amaury)	42	Porcon de la Barbinais	22
Féval	42	Poulain-Duparc	43
Geoffroy	30	Quérard	43
Gerbier	42	Robert Surcouf	27
Ginguené	31	Savary	43
Gournay	42	Toullier	43
Guichen	25	Tournemine	43
Kéralio	42	Trublet	43
Kératry	42		

ÉMILE COLIN — IMPRIMERIE DE LAGNY

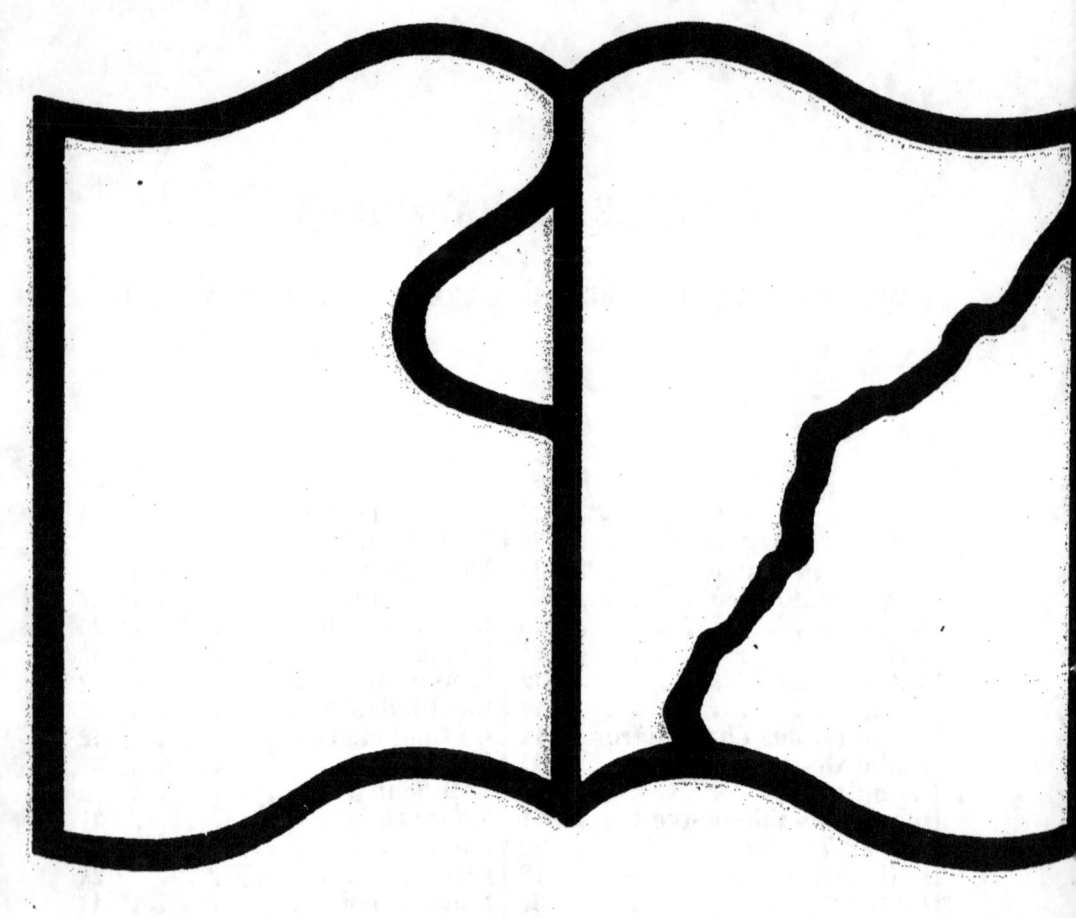

Texte détérioré — reliure défectueuse

NF Z 43-120-11

www.ingramcontent.com/pod-product-compliance
Lightning Source LLC
LaVergne TN
LVHW022212080426
835511LV00008B/1715